JN395883

별
보러 가자

달 · 태양 · 행성 · 항성 · 일식과 월식 · 별자리에 대한 안내서

멕 대처(Meg Thacher) 지음
김아림 옮김

생각의집

Sky Gazing
Copyright © 2020 by Meg Thacher
Originally published in the United States by Storey Publishing, LLC
All rights reserved
No part of this book may be used or reproduced in any manner
whatever without written permission, except in the case of brief quotations embodied
in critical articles or reviews.
Korean Translation Copyright © 2021 by Saenggakuijip
Published by arrangement with Storey Publishing LLC,
through BC Agency, Seoul.

이 책의 한국어판 저작권은 BC 에이전시를 통한
저작권자와의 독점 계약으로 생각의집에 있습니다. 신 저작권법에 의해
한국 내에서 보호를 받는 저작물이므로 무단전재와 무단복제를 금합니다.

별 보러 가자

초판 1쇄 발행 2021년 10월 5일
글 ✽ 멕 태쳐
옮긴이 ✽ 김아림
펴낸이 ✽ 권영주
펴낸곳 ✽ 생각의집
디자인 ✽ design mari with 김영심
출판등록번호 ✽ 제 396-2012-000215호
주소 ✽ 경기도 고양시 일산서구 중앙로 1455, 409호
전화 ✽ 070·7524·6122
팩스 ✽ 0505·330·6133
이메일 ✽ jip2013@naver.com
ISBN ✽ 979-11-85653-81-5 (73440)

품명 어린이 도서	**제조년월** 2021년 10월	
사용연령 4세 이상	**제조자명** 생각의집	
제조국 대한민국	**연락처** 070·7524·6122	
주소 경기도 고양시 일산서구 중앙로 1455, 409호		
주의사항 종이에 베이거나 긁히지 않도록 주의하세요.		
KC마크는 이 제품이 공통안전기준에 적합하였음을 뜻합니다.		

하늘을 들여다봐요

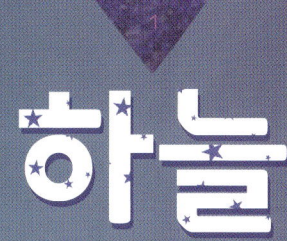

이 책은 어떤 내용인가요?

대부분의 책들은 첫 장에서 시작해 마지막 장까지 죽 읽게 되죠. 하지만 이 책은 여기저기 건너뛰며 읽어도 괜찮아요. 각 장은 가장 가까운 천체(달)에서 조금 먼 천체(태양과 행성들), 아주 먼 천체(항성)의 순서로 나아가죠.

하늘은 우리 모두의 것 7	빛이 만드는 쇼 15
저 위에 뭐가 있을까? 8	특별한 기상 현상들 16
천문학 노트 Astronomy Notebook 하늘을 관찰하고 기록해 보자 8	따라해 봐요 – 낮이 밤으로 바뀌는 모습 관찰하기 18
어디서 하늘을 관찰할까? 9	밤에는 앞을 어떻게 볼까? 19
어둠과 빛 10	따라해 봐요 – 붉은색 손전등 만들기 19
천체의 위치 정하기 12	우리의 고향 은하 – 은하수 20
따라해 봐요 – 우주 각도기 13	특별한 기상 현상 – 오로라 22
천문학 노트 Astronomy Notebook 날씨 관찰자 되기 14	자세히 살펴보기 쌍안경 24

2 달

위상을 바꾸는 달 27	달은 어떻게 만들어졌을까? 34
천문학 노트 Astronomy Notebook 달 관찰 일지 쓰기 28	천문학 노트 Astronomy Notebook 달을 그려 봐요 36
우리의 하나뿐인 달에 대해 28	달의 지도 37
달은 언제 뜨고 언제 질까? 29	특별한 천문 현상 – 월식 38
실제보다 커 보이는 달 30	자세히 살펴보기 달 41
따라해 봐요 – 달이 되어 춤추기 ★★★ 31	
달 관광하기 32	

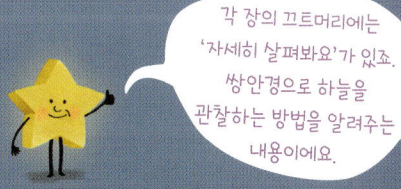

3 태양

태양은 어느 방향으로 움직일까? 43	태양을 자세히 들여다보기 50
천문학 노트 Astronomy Notebook	태양은 어떻게 형성되었을까? 52
일몰 달력 만들기 44	특별한 천문 현상 - 일식 54
계절은 어떻게 생길까? 45	따라해 봐요 - 영사기 만들기 58
태양의 이동 경로 46	자세히 살펴보기
태양으로 시간을 알아내기 48	태양 59
따라해 봐요 - 태양의 이동 경로 추적하기 49	

4 행성들

하늘에 뜬 지구의 자매 행성들 61	천문학 노트 Astronomy Notebook
별과 행성은 어떻게 다를까? 62	여러분만의 태양계를 설계해요 77
내행성과 외행성 64	따라해 봐요 - 태양계 되기 81
하늘의 떠돌이 65	태양계는 어떻게 형성되었을까? 82
태양계를 돌아다니는 다른 천체들 66	특별한 천문 현상 - 대혜성 84
따라해 봐요 - 비율에 맞는 축소 모형 만들기 68	또 다른 태양과 태양계들 86
행성을 만나보자	자세히 살펴보기
수성 69	행성들 87
금성 70	
지구 71	
화성 72	
목성 74	
토성 76	
천왕성 78	
해왕성 79	
왜행성을 만나보자 명왕성 80	

5 별과 별자리

별자리에 대해 당장 배우고 싶다면, 이 장에서 별자리도를 살펴봐요.

별은 얼마나 밝을까? 89	따라해 봐요 - 평면 천체도를 만들어요 ★★ 98
별들은 밤에 어떻게 이동할까? 90	계절에 따른 별자리 관찰하기(북반구의 경우) 100
따라해 봐요 - 별을 활용해 남쪽과 북쪽 찾기 ★ 94	별의 일생 112
왜 사람들은 별자리를 만들었을까? 95	특별한 천문 현상 - 유성우 114
천문학 노트 Astronomy Notebook 나만의 별자리 만들기 95	자세히 살펴보기 태양계 밖의 천체들 116
황도 12궁에 대해 96	
계절에 따른 별자리의 변화 97	

더 알아보기

따라해 봐요 - 천문 파티 즐기기 ★★ 119	어떤 쌍안경을 사야 할까? 123
유성우 달력 119	따라해 봐요 - 김 서림 방지하기 ★★★ 123
2020년부터 2030년까지의 식 목록 120	용어 풀이 124
쌍안경으로 관측할 수 있는 천체들 121	

이 책에 태양계 전체가 들어간다고 상상해 봐요. 태양이 이 쪽에 있다면, 그 주위를 도는 행성들은 각각 대략적으로 몇 쪽에 있을까요? 한번 맞춰 보세요! (정답은 131쪽에 있어요.)

태양

1

하늘
을 들여다봐요

우리 우주는 항성과 행성을 비롯해
온갖 놀라운 천체로 가득하답니다.
여러분이 어디에 살든 이런 천체들을 관찰할 수 있죠.
대단한 장비나 도구를 갖추지 않아도 괜찮아요.
그저 눈을 들어 하늘을 바라보면 되니까요.

하늘은 우리 모두의 것

아주 오랜 옛날에 아이들은 하늘에 대해 잘 알았어요. 태양의 위치를 보고 어디가 북쪽인지, 시간이 몇 시인지 알았죠. 각 계절마다 어떤 별자리를 관찰할 수 있는지도 알았어요.

물론 그때는 가로등이 발명되기 전이라 밤하늘 관찰이 쉬웠죠. 하늘에 수천 개의 별들이 점점이 박혀 있었으니까요. 하지만 오늘날에는 도시나 교외에서 기껏해야 수백 개의 별만 관찰할 수 있어요. 평생 은하수를 볼 기회가 없는 사람들도 꽤 많죠.

하지만 여러분이 어디에 살든, 밤에 별을 얼마나 볼 수 있든 하늘을 관찰할 수는 있어요. 먼 옛날 아이들이 했던 그대로의 방식으로 말이죠. 심지어 더 많은 걸 할 수 있답니다! 조상들이 하늘을 관찰하기 시작한 이후로 우리는 우주에 대해 많은 걸 알게 되었죠.

이 책은 천문학에 대해 다루고 있어요. 천문학이란 항성과 행성, 우주에 대해 연구하는 학문이죠.

 여러분은 언제 어디서든 하늘을 관찰할 수 있어요. 공짜로 말이죠! 언제든 눈을 들어 별을 관찰하는 습관을 만들어 봐요.

금성이 우리를 기다리고 있어!

하늘을 관찰하는 데 필요한 준비물

유성우를 보고 싶거나 친구들끼리 모여 밤하늘을 관찰하고 싶나요? 밤에 야외에서 보다 편하게 하늘을 관찰하려면 몇 가지 준비물이 필요해요.

✴ 물과 간식
✴ 별자리도, 또는 평면 천체도(5장 참고)
✴ 담요
✴ 붉은색 손전등(19쪽 참고)
✴ 보통 손전등
✴ 벌레 퇴치제
✴ 연필
✴ 천문학 노트(8쪽 참고)

이런 게 없더라도 여러분 집의 마당이나 베란다로 나가기만 하면 밤하늘을 관찰할 수 있죠! 친구들과 밤하늘 관찰 모임을 여는 데 필요한 도움말에 대해서는 119쪽을 살펴봐요.

기원전 50년쯤 이집트 덴다라에 세워진 하토르 신전 황도 십이궁도의 일부예요. 신전의 천장에 조각을 새기고 색을 칠했죠. 하늘의 여신인 누트의 몸이 아래에 누워 있어요.

저 위에 뭐가 있을까?

밤하늘이 어둡든 밝든, 여러분은 언제나 태양과 달을 볼 수 있죠. 아무리 도시나 큰 교외 지역처럼 환한 장소라 해도 아주 밝은 행성이나 항성, **유성**(먼 우주에서 온 돌덩이가 지구의 대기에 들어오면서 환한 빛을 내는 것)은 관찰할 수 있어요. 심지어 국제 우주 정거장도 보이죠.

교외 지역에서 더 벗어난 어두운 곳으로 가면 웬만한 **별자리**(마치 이어진 그림처럼 보이는 별들의 무리)들은 다 볼 수 있어요. 유성과 인공위성도 보이죠. 만약 충분히 어둡다면, 우리가 살아가는 은하계인 은하수의 희미한 자취를 볼 수 있을 거예요(은하계란 기체, 먼지, 수천억 개의 항성으로 이뤄진 거대한 항성계에요).

여러분이 국립공원처럼 밤에 아주 어두운 장소를 방문하게 된다면, 여러 항성과 먼지가 길게 연결된 은하수를 선명하게 볼 수 있어요. 항성들의 무리와 **성운**(기체와 먼지로 이뤄진 구름), 심지어 다른 은하계들도 보일 수 있죠.

Space Talk 성운을 뜻하는 영어 단어 'nebula'는 구름을 뜻하는 라틴어 단어에서 왔어요.

하늘을 들여다봐요

천문학 노트 Astronomy Notebook

하늘을 관찰하고 기록해 보자 ★

밤하늘을 관찰하고 난 뒤 여러분이 본 것을 그리거나 적어 두면 재미있어요.

천문학 노트를 작성하면 여러분이 관찰한 바를 한데 모을 수 있죠. 새로운 공책을 사도 좋고, 아직 다 쓰지 않은 헌 공책을 활용해도 좋아요. 예전 학교 숙제가 있는 공책이라면 뜯어내고 맨 앞장을 새로 꾸며요.

천문학 노트에 그날의 날씨를 기록하고 밤하늘에서 본 걸 그림으로 남겨 봐요. 그리고 여러분이 조사한 내용을 적어요.

관찰 결과를 적을 때에는 다음 정보를 포함시켜야 해요.

→ 날짜
→ 시간
→ 날씨
→ 하늘이 얼마나 맑은가?
→ 달을 볼 수 있었는가?
   달이 어디 있었고 무슨 모양이었는가?
→ 그 밖에 무엇이 보였는가?
→ 바로 직전에 관찰했던 결과와 무엇이 다른가?

금성

어디서 하늘을 관찰할까?

별을 관찰하기 좋은 곳은 뒷마당이나 발코니, 올라가도 안전한 지붕 위, 운동장, 공원 등이에요. 여러분은 **지평선**이 보이는 곳을 찾아야 하죠. 다시 말해 시야가 가려지지 않고 잘 보이는 장소여야 해요. 여러분이 사는 장소에서는 남쪽이나 서쪽 하늘이 보이지만, 친구네 집에 가면 북쪽과 동쪽 하늘이 보일 수도 있어요. 언덕이나 지붕 위에 올라가면 시야가 좀 더 탁 트이죠.

하지만 오늘날에는 집안과 집 밖에 인공적인 불빛이 너무 많아요. 이런 불빛 덕에 밤에도 앞을 잘 볼 수 있지만, **빛 공해** 역시 일으키죠. 빛 공해란 인공적인 불빛 때문에 하늘이 밝게 보이는 현상이에요.

궁수자리와 전갈자리라는 별자리를 찍은 사진이에요. 왼쪽은 인구가 40만 명인 도시에서 바라본 모습이고 오른쪽은 인구가 217명인 작은 마을에서 본 모습이랍니다.

그림처럼 담요로 가리면 어느 한 지점에서 비롯하는 빛 공해를 간편하게 가릴 수 있어요.

빛이 너무 환할 때

만약 하늘이 관찰하려는 별보다 더 밝다면, 우리는 별을 볼 수 없어요. 그래서 이렇게 빛 공해가 많은 곳에서는 아주 밝은 별이나 행성만 볼 수 있죠.

멀리까지 퍼지는 공해 빛 공해 때문에 하늘 전체가 밝게 보여요. 빛이 아예 없는 곳으로 떠나지 않으면 빛 공해로부터 벗어날 수 없어요.

하나의 점에서 오는 공해

빛 공해는 어떤 하나의 지점에서 비롯해요. 그러니 그 지점을 피하면 빛 공해를 벗어날 수 있죠. 여러분이 만약 가로등 때문에 별을 관찰하기 힘든 곳에 산다면 불빛이 건물로 가려지는 곳으로 이동하면 돼요. 아니면 빨랫줄에 담요를 널어 빛을 가릴 수도 있죠. 아니면 단순히 손바닥으로 불빛을 가리는 것만으로도 도움이 되기도 한답니다!

관찰하기 좋은 시기

일단 밤하늘을 관찰하기 좋은 장소를 발견했다면, 다음과 같은 주의 사항을 알아 두는 게 좋아요.

★ 날씨 Weather

반쯤 구름이 낀 하늘에서도 달이나 행성을 볼 수 있어요. 별자리를 잘 관찰하려면 하늘에 구름이 거의 없이 맑아야 하지만요.
별을 보러 나갈 때는 옷을 잘 챙겨 입어야 해요. 날씨는 예측하기 힘들기 때문에 관찰하러 나가기 전에 하늘의 상태와 기온을 확인하는 게 좋답니다!

★ 관찰 시간 Timing

별을 보려면 해가 지고 **저녁노을**이 내려앉을 때까지 기다려야 해요. 아니면 해가 뜨기 전 하늘이 어슴푸레하게 살짝 밝을 때도 괜찮아요. 해가 지고 완전히 어두워지면 대부분의 별들을 관찰할 수 있어요.

★ 달 Moon

달의 **위상**이 어떤지 확인하고(지구에서 달이 어느 정도나 보이는지를 말해요. 27쪽 참고) 달이 뜨는 시간과 지는 시간도 알아야 해요. 환한 보름달이 뜰 때면 달빛에 다른 천체들의 빛이 희미해져서 잘 관찰할 수 없죠. 그러면 대신 달을 관찰할 수밖에 없어요!

★ 행성 Planets

하늘을 관찰하다 보면 대부분의 별보다 밝은 행성을 종종 발견할 거예요. 인터넷이나 천문 잡지를 찾아보면 하늘의 어느 지점에, 언제 각각의 행성이 나타나는지 알 수 있죠. 행성을 몇 달에 걸쳐 관찰하다 보면 크게 자리를 옮기며 춤을 추는 것처럼 행성들이 조금씩 이동하는 모습을 볼 수 있어요 (4장 참고).

★ 특별한 천문 현상 Special

일식과 월식, 유성우, 혜성, 북극광처럼 하늘에는 언제나 흥미로운 현상들이 펼쳐지고 있어요! 이 책의 각 장마다 특별한 천문 현상에 대해서 실었답니다. 맨 뒤 부록에서도 많이 소개하고 있어요.

어둠과 빛

어두운 밤에는 불빛이 정말 소중해요. 주변이 환해야 어디로 가는지도 알 수 있고 안전하다고 느끼죠. 하지만 불행히도 우리가 사용하는 불빛은 거리나 건물, 사람만을 비추진 않아요. 어떤 빛은 아래쪽이 아닌 위쪽이나 바깥쪽으로 퍼지죠. 가로등이나 건물, 운동장, 보안등에서 온 불빛이 그래요. 그러면 빛 공해가 생겨요.

'국제 어두운 밤하늘 협회(IDA)'라는 단체는 이런 공해를 일으키는 원천들을 나열하고 사람들이 빛 공해의 심각성을 알아차리도록 하는 운동을 펼쳐요. 조명을 좀 더 개선하도록 촉구하기도 하죠. 밤에 인공 불빛을 줄이면 우리는 좀 더 행복해지고 환경은 예전보다 나아질 거예요. 그리고 맑은 밤하늘에서 보다 많은 것들을 관찰할 수 있겠죠.

어둠을 측정하기

천문학자 〈존 보틀〉은 빛 공해를 1부터 9까지의 척도로 분류했답니다.

이 척도에서 1등급의 하늘은 모든 불빛으로부터 차단된 지구상에서 가장 어두운 장소에서 볼 수 있어요. 예컨대 달이 보이지 않는 그믐이면 은하수와 밝은 성운, 성단을 맨눈으로도 볼 수 있답니다.

그리고 보틀 척도에서 9등급은 대도시의 하늘에 해당해요. 여기서도 달과 행성은 보이지만 별은 아주 밝은 별 몇 개만 보일 뿐이죠. 이 정도면 별자리를 이을 수 없어요.

보틀 척도	우리가 관찰할 수 있는 규모	장소의 예
1	7.6	어두운 밤하늘이 보이는 곳
2	7.1	지평선에 희미한 빛이 보이는 야생이나 국립공원*
3	6.6	작은 마을 가까이에 자리한 국립공원*
4	6.1	작은 마을
5	5.6	교외
6	5.5	큰 교외
7	5	도시 변두리
8	4.5	도시
9	4	대도시의 중심부

*대부분의 사람들은 보틀 1등급과 2등급, 3등급의 차이를 눈으로 느끼지 못해요. 하지만 주변을 살펴보면 구분을 할 수 있죠. 달이 보이지 않는 무척 어두운 장소에서는 여러분 바로 옆에 있는 사람이라도 그 사람이 손전등을 들지 않았다면 전혀 보이지 않을 거예요!

Space Talk 별의 등급은 그 별이 얼마나 밝은지 알려 줘요. 등급이 매겨지는 순서는 우리 생각과 반대이긴 하지만요. 희미한 별일수록 등급의 숫자가 높거든요. 밝은 별은 등급이 낮고요. 89쪽을 참고해 더 자세히 알아보세요.

NASA가 2012년 밤 바깥 우주에서 지구의 모습을 찍은 '검은 지구' 사진이에요. 어두운 영역은 빛 공해가 적거나 아예 없어요(바다나 사막).

화성

하늘을 들여다봐요 11

천체의 위치 정하기

여러분이 머리 위 하늘에서 멋진 무언가를 발견했다면, 어떻게 해야 다른 사람에게도 그것의 위치를 알릴 수 있을까요? 과학자들은 밤하늘의 위치를 설명하고자 특별한 용어들을 사용해요.

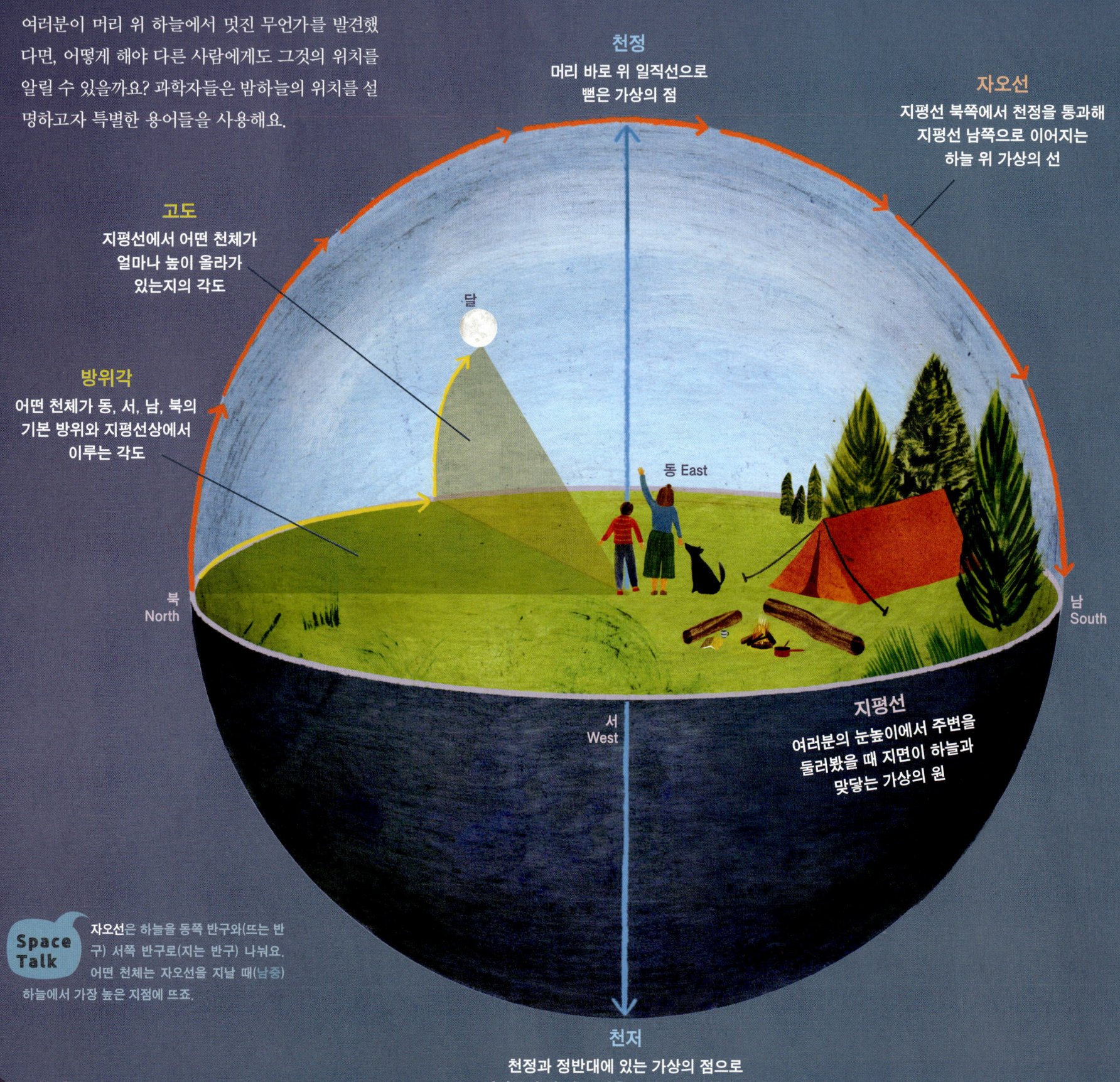

천정
머리 바로 위 일직선으로 뻗은 가상의 점

자오선
지평선 북쪽에서 천정을 통과해 지평선 남쪽으로 이어지는 하늘 위 가상의 선

고도
지평선에서 어떤 천체가 얼마나 높이 올라가 있는지의 각도

방위각
어떤 천체가 동, 서, 남, 북의 기본 방위와 지평선상에서 이루는 각도

지평선
여러분의 눈높이에서 주변을 둘러봤을 때 지면이 하늘과 맞닿는 가상의 원

천저
천정과 정반대에 있는 가상의 점으로 여러분의 발 바로 밑을 수직으로 연결한 지점

Space Talk 자오선은 하늘을 동쪽 반구와(뜨는 반구) 서쪽 반구로(지는 반구) 나눠요. 어떤 천체는 자오선을 지날 때(남중) 하늘에서 가장 높은 지점에 뜨죠.

우리 눈에는 어떻게 보일까?

지구에서 보면 하늘은 마치 거대한 둥근 그릇을 뒤집어 놓은 안쪽 면인 것처럼 보여요. 태양과 달, 행성, 별이 전부 이 하늘을 따라 동쪽에서 서쪽으로 움직이는 것처럼 여겨지죠.
하지만 사실 단지 겉으로 이렇게 **보일 뿐**이랍니다.

실제로는 어떤 일이 벌어질까?

사실 우리는 **자전축**이라는 가상의 선을 중심으로 서쪽에서 동쪽으로 도는 공 모양의 행성 위에 산답니다. 이렇게 지구는 24시간마다 완전히 1바퀴씩 돌죠. 지구가 서쪽에서 동쪽으로 돌면, 태양과 달, 별들은 반대로 동쪽에서 서쪽으로 움직이는 것처럼 보여요.

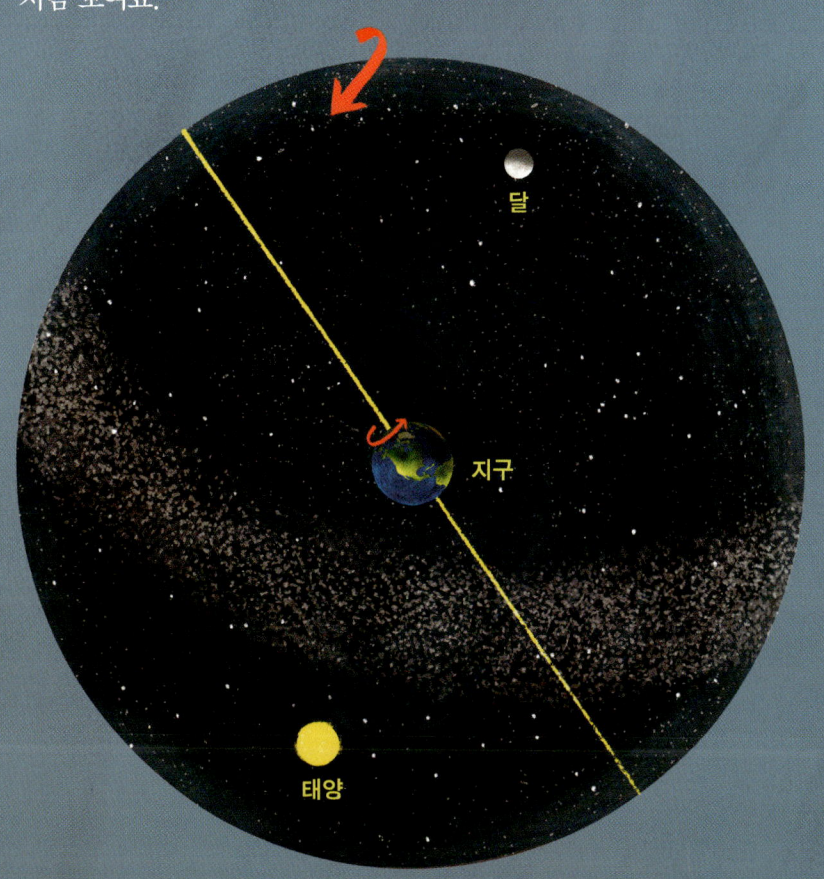

따라해 봐요
우주 각도기 ★★

천문학자들은 돔 모양 하늘에서 각도를 재 천체의 거리를 측정해요.

여러분은 학교 숙제로 각도기를 이용해 각도를 재 봤을 거예요. 하지만 이런 각도기로는 하늘 위 천체들이 이루는 각도는 잴 수 없죠. 그러려면 '우주 각도기'가 필요해요.
우주 각도기가 대체 뭐냐고요? 여러분이 항상 갖고 다니는 도구랍니다.
바로 여러분의 손과 손가락이죠! 하늘을 향해 팔을 쭉 뻗어서 아래와 같은 손 모양을 만들면 각도가 몇 도인지 알 수 있어요.

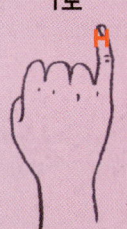
1도
보름달 크기의 2배, 플라이아데스 일곱 자매 성단의 크기

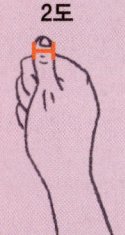
2도
오리온자리의 벨트 부분보다 조금 작은 천체

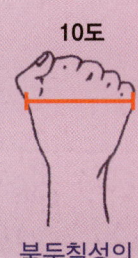
10도
북두칠성의 손잡이 부분

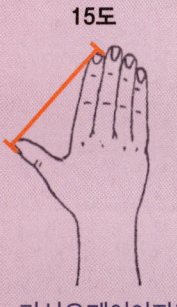
15도
카시오페이아자리

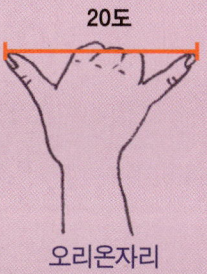
20도
오리온자리

천문학 노트 Astronomy Notebook
날씨 관찰자 되기 ★

하늘을 관찰할 가장 좋은 시기를 찾으려면 날씨를 계속 기록해야 해요.

시간이 날 때마다 공책에 날씨를 기록해요. 낮의 날씨와 밤의 날씨를 계속 적어 가는 거예요. 다음은 이 기록을 통해 여러분이 알 수 있는 여러 사실들이랍니다. 날짜를 적는 걸 잊지 말고요!

→ 온도가 몇 도인가?
→ 하늘이 맑은가, 흐린가?
→ 바람이 심한가?
→ 안개가 꼈는가?
→ 하늘의 얼마나 많은 면적이 구름에 덮였는가?
→ 어떤 종류의 구름이 관찰되는가? (구름 모양을 그려도 좋음)
→ 비나 눈이 내리는가?
→ 비나 눈이 온다면 양이 적은가, 많은가, 아니면 중간인가?

몇 달에 걸쳐 날씨 일기를 썼다면, 이제 그 속에 어떤 패턴이 있는지 살펴보세요. 어떤 달이 다른 달에 비해 구름이 더 많이 끼나요? 낮에 구름이 끼면 밤에도 구름이 끼나요? 특정 종류의 구름이 보이면 항상 비가 내리지는 않나요?

구름이 머무는 곳

구름의 영어 이름은 다음의 라틴어 단어 5개가 조합되어 붙여져요. 우리말로도 같은 뜻을 갖는 한자가 조합되어 용어가 만들어져요.

키루스 : 머리카락 같은(한자로 '권')
쿠물루스 : 더미(한자로 '적')
스트라투스 : 층을 이루는(한자로 '층')
님부스 : 비구름이나 안개의
　　　　　(한자로 '란', '난')
알토 : 높은(한자로 '고')

빛이 만드는 쇼

태양에서 오는 빛은 흰색으로 보이지만 그 안에는 온갖 색이 다 들어 있어요. 무지개가 만들어질 때 이 색깔들을 볼 수 있죠. 무지개는 해가 나고 비가 내리는 일이 동시에 벌어질 때 생겨나요. 햇빛이 빗방울 안에서 튕겨 나가면서 서로 다른 색깔의 빛이 각각 다른 각도로 꺾여서 반사되죠. 그래서 빗방울에서 나올 때 빛은 빨간색, 주황색, 노란색, 초록색, 파란색, 보라색으로 나뉘고 각 색깔은 각기 다른 위치에 나타나요. 이때 빗방울은 여러 색깔로 나뉜 빛을 원뿔 모양으로 반사하기 때문에 사실 무지개는 반원이 아니라 완전한 원 모양이랍니다! 다만 우리 눈에 지평선 위로 반쪽 절반만 보일 뿐이죠.

무지개를 관찰하기에 가장 좋은 때는 언제일까요? 태양이 지평선 위에 낮게 떠 있는 아침이나 저녁이랍니다. 또 비가 내리는데 해가 난다면 태양을 등지고 서서 무지개를 한번 찾아보세요.

여러분은 무지개를 직접 만들 수도 있어요. 정원용 호스나 분수를 비바람으로 삼는 거죠. 태양을 등지고 서서 흩날리는 물방울을 바라보세요. 그러면 여러분이 선 방향의 왼쪽이나 오른쪽 공중에 무지개가 보일 거예요. 주변이 좀 어슴푸레해야 이런 무지개를 가장 잘 볼 수 있죠.

무지개는 어떻게 형성될까?

쌍무지개는 햇빛이 특히 환할 때 만들어져요. 빗방울 안에서 햇빛이 두 번 튕겨 나가기 때문이죠. 그에 따라 바깥쪽에 크고 진한 주된 무지개가 생기고 두 번째 무지개가 안쪽에 연하게 나타나요. 두 번째 무지개는 색깔의 배열순서가 반대랍니다.

특별한 기상 현상들

태양은 마치 예술가 같아요. 햇빛이 구름과 함께 아름다운 기상 현상들을 많이 보여 주거든요. 하지만 신기한 걸 보겠다고 해를 직접 쳐다보지 않게 조심해요.

환일은 태양의 오른쪽이나 왼쪽에 나타나는 '무지개의 상'이에요. 무지개가 형성될 때와 똑같이 햇빛이 권운이나 권층운 속 얼음 결정 안에서 반사되며 이 현상이 생기죠. 이때 구름은 태양의 상이 투사되는 막 역할을 해요. 환일을 발견했다면 이제 햇무리(아래쪽)도 한번 찾아보세요!

태양주는 햇빛이 바로 위쪽의 얼음 결정 안에서 반사되며 기둥 모양을 이룰 때 형성되죠.

부채살빛은 어떤 구름은 햇빛을 가로막고 어떤 구름은 햇빛을 통과시키기 때문에 나타나요.

햇무리는 권층운에 의해 태양을 둘러싸고 형성돼요. 해를 여러분의 손으로 가로막으면 손가락 바깥쪽으로 햇무리가 생길 거예요. 달무리는 햇무리보다 훨씬 더 흔하게 관찰된답니다.

저녁노을은 왜 붉을까요?
바로 하늘이 파랗기 때문이랍니다!

햇빛이 지구 대기를 통과하는 과정에서 푸른빛의 입자가 공기 분자와 충돌해 여기저기 온갖 방향으로 산란되죠. 그래서 햇빛이 쨍쨍한 날에는 하늘이 푸른색으로 보여요.
하지만 해가 뜨거나 질 때는 햇빛이 한낮에 비해 대기를 비스듬히 통과해요. 그래서 푸른색 빛은 우리 눈에 덜 보이죠. 푸른색이 덜 보이면 해는 붉은색이나 주황색으로 보이고요.

해가 뜨거나 질 때에는 햇빛이 우리에게 닿기까지 대기권을 더 많이 지나야 해요. 그래서 푸른색 빛은 적게 보이고 붉은 빛이 더 많이 보여요.

한낮에는 햇빛이 우리에게 닿기까지 대기권을 보다 덜 통과해요. 그래서 백색광이나 푸른 하늘을 볼 수 있죠.

 달에는 대기가 없어서 하늘이 푸른색이나 붉은색, 흰색을 띠지 않아요. 다만 언제나 검죠.

따라해 봐요
낮이 밤으로 바뀌는 모습 관찰하기 ★

천문학자들에게 해 질 녘은 하루 중 가장 신나는 시간이에요. 왜냐고요? 이제 밤이 시작되어 별과 행성이 보이기 시작하거든요.

이 활동을 따라하려면 탁 트인 서쪽 지평선을 볼 수 있어야 해요. 기상 관련 웹사이트를 통해 해가 언제 지는지 찾아보세요. 그리고 해가 지기 1시간 전에 밖에 나가 서쪽을 바라볼 수 있는 편한 자리에 앉아요.

이제 해가 지평선 아래로 조금씩 가라앉을 때 구름의 색깔이 어떻게 바뀌는지 관찰해요. 해 때문에 하늘과 구름이 계속 환하게 빛나는데 심지어 해가 지고 나서도 그럴 거예요.

여러분이 관찰한 모습을 사진을 찍어 남기거나 그림으로 그려요. 여러분 주변에 귀를 기울이면 낮의 소리가 밤의 소리로 바뀌는 것을 알 수 있죠.

↑ 지구의 그림자가 올라옴 ↑

녹색섬광

만약 친구와 같이 왔다면 누가 별을 가장 먼저 찾나 대결해보세요. 해가 지고 나서 처음으로 별이 보이기까지 시간이 얼마나 흘렀나요?

어둠의 장벽
날씨가 아주 맑은 날 해가 지고 나서 동쪽(서쪽이 아니라!) 지평선을 한번 관찰해 보세요. 지구의 그림자가 동쪽 하늘에 올라오면서 어두운 장벽이 보일 수 있어요. 이것을 땅거미 쐐기라고 하죠.

녹색섬광
바다나 사막처럼 탁 트인 곳에서 수평선이나 지평선을 볼 수 있고 날씨가 맑다면 녹색섬광이라는 현상을 관찰할지도 몰라요. 해가 지고 나서 직후에 위쪽 가장자리에 초록색 빛의 반점이 보이는 현상이죠. 녹색섬광은 꽤 드물게 발생하는 데다 1~2초만 지속되다가 끝나요.(아무리 해가 진다고 해도 해를 똑바로 보지 않도록 조심하세요.)

← 서쪽　　　파노라마처럼 펼쳐진 이 사진은 지평선 전체를 보여 줘요. 왼쪽에서는 해가 지고 오른쪽에는 어두운 푸른색 땅거미 쐐기가 깔렸어요.　　　동쪽 →

밤에는 앞을 어떻게 볼까?

우리의 눈이 어둠에 적응하는 데는 5분에서 10분이 걸려요. 하지만 밤에 앞이 가장 잘 보이기까지는 최대 30분까지 필요하죠. 그리고 어둠에 적응했던 눈이 갑자기 환한 빛에 노출되면 처음부터 다시 적응을 시작해야 해요. 그렇게 오래 걸리지는 않지만요.

우리의 눈은 빛의 여러 색깔에 대해 다르게 반응해요. 붉은색 빛은 야간 시력에 영향을 주지 않지만 환한 푸른색 빛은 야간 시력에 해를 끼칠 수 있죠. 휴대폰이나 컴퓨터 화면에서 나오는 빛이 푸른색이에요(청색광). 휴대폰이나 컴퓨터 화면에서 푸른색 빛이 덜 나오고 시력을 지켜 주는 붉은색 빛이 더 나오게 하려면 앱을 다운로드받으면 된답니다.

휴대폰을 사용하지 않을 때면 주머니 속에 넣어 두는 게 좋아요. 밤에 하늘을 다 관찰하고 나면 전자기기 화면을 보지 않는 게 더 좋고요. 그러면 잠이 드는 데도 도움이 되죠!

시각의 원리

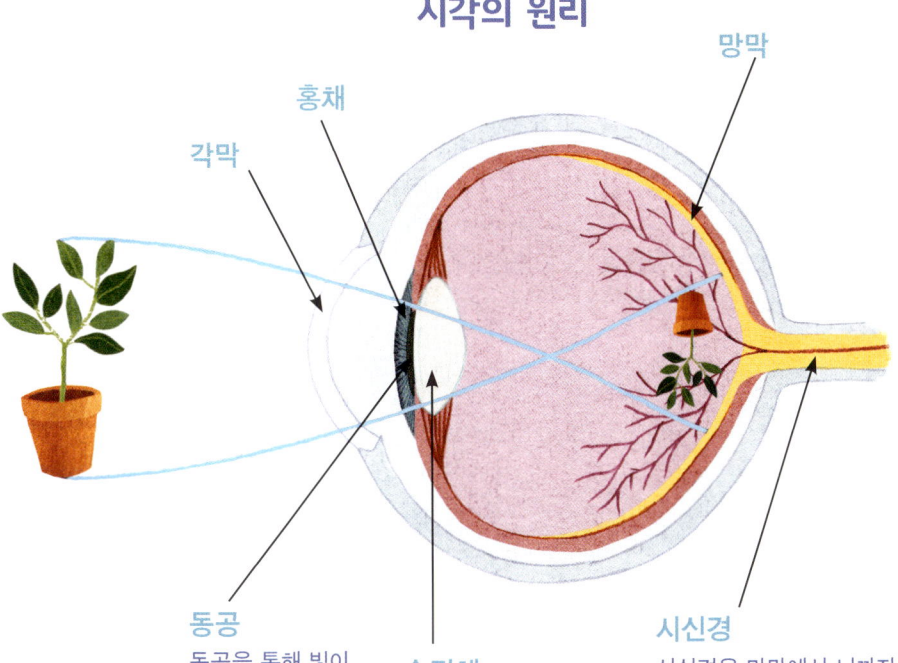

각막

홍채

망막

동공
동공을 통해 빛이 눈에 들어와요.

수정체
수정체는 물체의 상을 위아래 뒤집어 망막에 맺히도록 빛을 구부려요. 우리의 뇌는 그 뒤집힌 상을 다시 뒤집어 원래의 상을 보죠.

시신경
시신경은 망막에서 뇌까지 정보를 전해요. 지금 무엇을 보고 있는지에 대한 정보죠.

따라해 봐요
붉은색 손전등 만들기

붉은색 손전등은 밤에 주변을 비추면서도 여러분의 야간 시력을 보호해요.

아래 준비물이 필요해요.

- 붉은색 풍선 또는 붉은색 비닐 랩
- 고무 밴드, 머리끈, 또는 접착테이프
- 마커
- 손전등
- 가위

1 풍선을 탁자 위에 편평하게 놓아요.

2 풍선으로 손전등에서 빛이 나오는 둥근 머리를 감싸서 덮어요.

3 풍선에 덮인 손전등의 머리 부분을 마커로 빙 둘러서 표시해요.

4 마커로 그은 선보다 2.5센티미터 정도 크게 빙 둘러서 풍선을 가위로 잘라요.

5 풍선 조각을 손전등 머리 부분에 당겨서 덮은 다음 고무 밴드나 테이프로 묶거나 고정해요.

6 밤에 눈이 어둠에 익숙해지고 난 뒤 이 손전등을 한번 사용해 보세요. 손전등 불빛이 너무 밝으면 붉은색 풍선 막을 한 겹 더 덧대요.

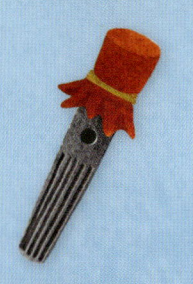

붉은색 마스킹 테이프나 접착테이프로 손전등의 머리 부분이 덮이게 붙일 수도 있어요. 또 손전등에 보통의 전구가 달렸다면(할로겐전구나 LED 전구가 아닌) 손전등을 분해해서 전구에 붉은색 매니큐어를 발라도 돼요. 주황색 매니큐어도 괜찮고요.

하늘을 들여다봐요

우리의 고향 은하
은하수

우리가 하늘에서 보는 모든 별들은 우리 은하인 은하수에 속해 있답니다. 은하수에는 약 2,500억 개의 별과 함께 기체와 먼지도 있죠. 우리 우주에는 약 2,000억 개의 은하가 있어요. 아직 서로 충돌하지 않아 완전히 성숙하지 못한 아기 은하까지 전부 합친다면 2조 개나 되죠.

다른 은하를 볼 수 있을까?

지구에서 우리는 망원경 없이도 은하수 말고 3개의 다른 은하를 관찰할 수 있어요. 안드로메다자리의 안드로메다은하, 황새치자리의 대마젤란운(LMC), 큰부리새자리의 소마젤란운(SMC)이 그 3개의 은하죠. 대마젤란운과 소마젤란운은 남반구에서만 볼 수 있어요.
그 밖에도 무척 맑은 날씨거나 대기 오염이 거의 없으면 4개의 은하를 더 관찰할 수 있죠. 바로 삼각형자리의 삼각형자리은하, 켄타우루스자리의 켄타우루스 A 은하, 큰곰자리의 보데은하, 조각가자리의 조각가자리은하죠.

위에서 본 모습

우리 눈에는 어떻게 보일까?

은하수는 은색 강처럼 밤하늘을 구름 띠 모양으로 가로질러요. 맑은 날의 어두운 밤하늘에서 관찰 가능하죠. 은하수가 가장 밝은 영역은 궁수자리 안에 있어요.

실제로는 어떤 일이 벌어질까?

은하수는 무척 얇은 원반 모양이에요. 지름이 약 10만 광년이고 두께가 약 1,000광년이죠. 은하수에는 나선 팔이 있고 한가운데에 천체가 밀집되어 불룩하죠.
원반의 옆면을 따라 바라보면 은하수 안에는 꽤 많은 별이 보여서 마치 우윳빛 안개 같아요. 하지만 원반 바깥에서 아래로 내려다보면 별은 더 적게 보이죠.

 **Space Talk** '광년'이란 빛이 1년 동안 나아가는 거리를 말해요. 약 9조 4,600억 킬로미터죠.

지구에서 본 모습

약간의 별들 / 많은 별들

은하수 안쪽의 어두운 얼룩은 별빛을 차단하는 먼지들이에요.

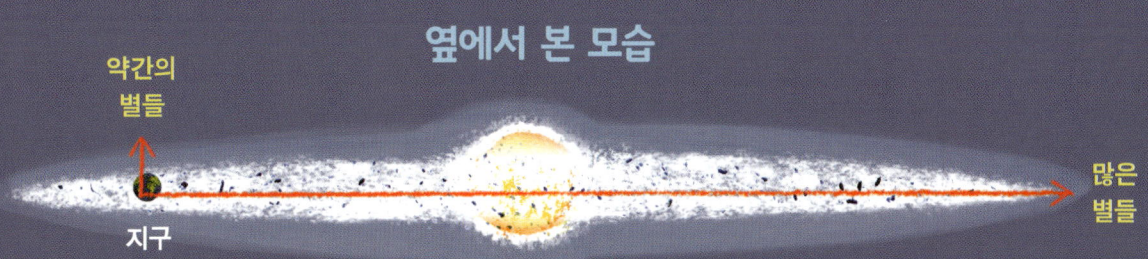

옆에서 본 모습

약간의 별들 / 지구 / 많은 별들

은하수는 원반처럼 생겼어요. 원반의 위쪽에서 바라보면 그렇게 많은 별이 관찰되지 않아요. 하지만 원반의 옆면에서 바라보면 많은 별을 볼 수 있답니다.

특별한 기상 현상
오로라

북극이나 남극 가까이 사는 사람이라면 아름다운 북극광이나 남극광을 볼 수 있는데 이것을 **오로라**라고 해요. 오로라는 반짝반짝 빛나는 구름처럼 보이기도 하고, 바람에 흩날리는 커튼이나 춤추는 뱀, 빛의 띠처럼 보이기도 한답니다.

이런 극광이 생기는 건 태양풍 때문이에요. **태양풍**이란 태양에서 오는 대전된 입자들의 꾸준한 흐름이죠. 태양풍이 지구에 도달하면 그 입자의 일부가 지구의 자기장에 끌려서 자기장을 따라 흘러요. 이때 대기권의 **원자**들과 부딪치면서 빛을 내죠.

춤추자!

전자가 공중의 원자들과 부딪쳐요.

원자들이 들뜬 상태가 돼요.

원자가 다시 바닥상태로 내려가면서 빛을 방출해요.

오로라는 밤하늘의 아름다운 빛이기만 한 건 아니에요. 지구의 자기장이 태양풍으로부터 우리를 보호한다는 증거죠.

태양풍

태양풍의 입자

태양풍의 입자

자기장

태양풍

태양풍에서 나온 입자들이 지구 주변으로 휘면서 지나가거나 대기권에 나선을 그리며 들어오면 오로라가 생겨요.

원자들

우리를 둘러싼 보통의 물질들은 원자로 이뤄져 있어요. 너무 작아서 눈에 보이지 않는 입자죠. 각각의 원자들 안에는 더 작은 **핵**이 있고 **전자**(🟡)가 이 핵을 둘러싸요. 핵 안쪽에는 **양성자**(🔵)와 **중성자**(🟠)가 있죠. 양성자는 양의 전하를 띠었고, 전자는 음의 전하를 띠었으며 중성자는 전기적으로 중성이랍니다.

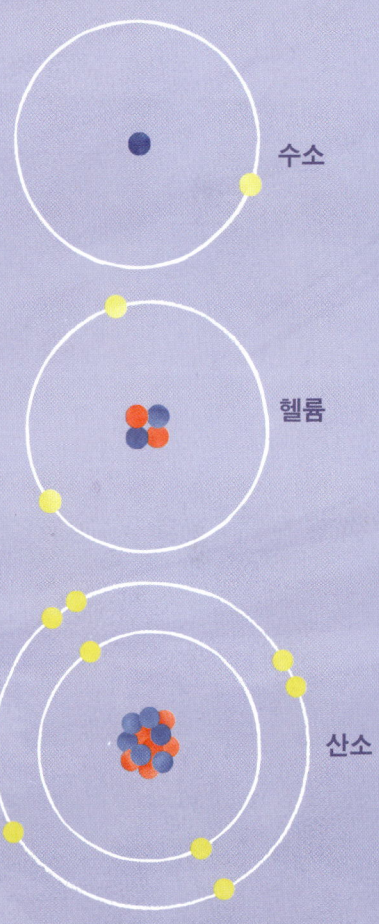

원자의 핵 속 양성자의 수가 원자의 종류를 결정해요. 예를 들어 수소는 양성자 1개를, 헬륨은 양성자 2개를, 산소는 양성자 8개를 가졌죠(2개는 다른 양성자들 뒤에 숨었지만요!).

오로라를 관찰하는 방법

오로라를 관찰하기 위한 최선의 방법은 달이 보이지 않는 겨울날 밤에 하늘을 보는 거예요. 하지만 그렇다고 오로라가 겨울에만 나타나는 건 아니죠. 겨울밤이 길기 때문에 오로라를 볼 가능성도 커지는 거예요. 우주 기상 관측 웹사이트를 찾아보면 오로라가 언제 발생하기 쉬운지 알 수 있어요. 이런 웹사이트 가운데는 여러분이 회원 가입만 해도 오로라의 시기를 자동으로 알려 주는 곳도 있죠. 알림을 받으면 밖에 나가 눈을 어둠에 적응시키고 관찰을 시작하면 돼요. 북반구에서는 북쪽 지평선을, 남반구에서는 남쪽 지평선을 보면 되죠. 하늘에 불빛이 보이는데 근처의 도시나 마을에서 온 게 아니라면 아마 오로라일 거예요. 옷을 따뜻하게 껴입고 한동안 하늘을 죽 관찰해 봐요. 오로라는 대기가 얼마나 활성화되었는지에 따라 모양과 색이 바뀌어요.

 여러분이 지구의 자기적인 극에 더 가까이 다가갈수록 오로라를 마주할 가능성이 높아져요.

오로라는 여러 색을 가져요. 전자가 산소 원자와 충돌하면 오로라는 노란색과 초록색이 되죠. 그리고 전자가 질소 원자와 충돌하면 오로라는 붉은색이나 보라색을 띠고 아주 드물지만 파란색이 관찰되기도 해요.

자세히 살펴보기

쌍안경

이 책에서는 대부분 맨눈으로 하늘을 관찰하는 방법을 설명하고 있어요. 하지만 여러분에게 쌍안경이 있다면 밤하늘을 보다 생생하게 관찰할 수 있죠. 쌍안경을 관리하는 방법에 대해서는 123쪽을 참고해요.

초점 맞추기

대부분의 큰 쌍안경은 2개의 통 사이에 초점 조절 노브가 있어요. 또한 많은 쌍안경에는 좌우 접안렌즈의 초점을 각각 다르게 맞추는 장치가 있죠. 대부분의 사람들은 좌우 시력이 살짝 다르기 때문이에요.

1. 먼저 쌍안경을 별들이 있는 쪽으로 가져가요.
2. 조정 가능한 접안렌즈와 연결된 **대물렌즈**를 손으로 덮어요. 렌즈를 만지지 않게 조심해요.
3. 상이 더 선명해질 때까지 초점 조절 노브를 돌려요. 별은 아주 작은 바늘 끝처럼 보일 거예요.
4. 대물렌즈에서 손을 떼고 다른 쪽 대물렌즈 위를 덮은 다음 초점 조절 장치만을 이용해 초점을 맞춰요.

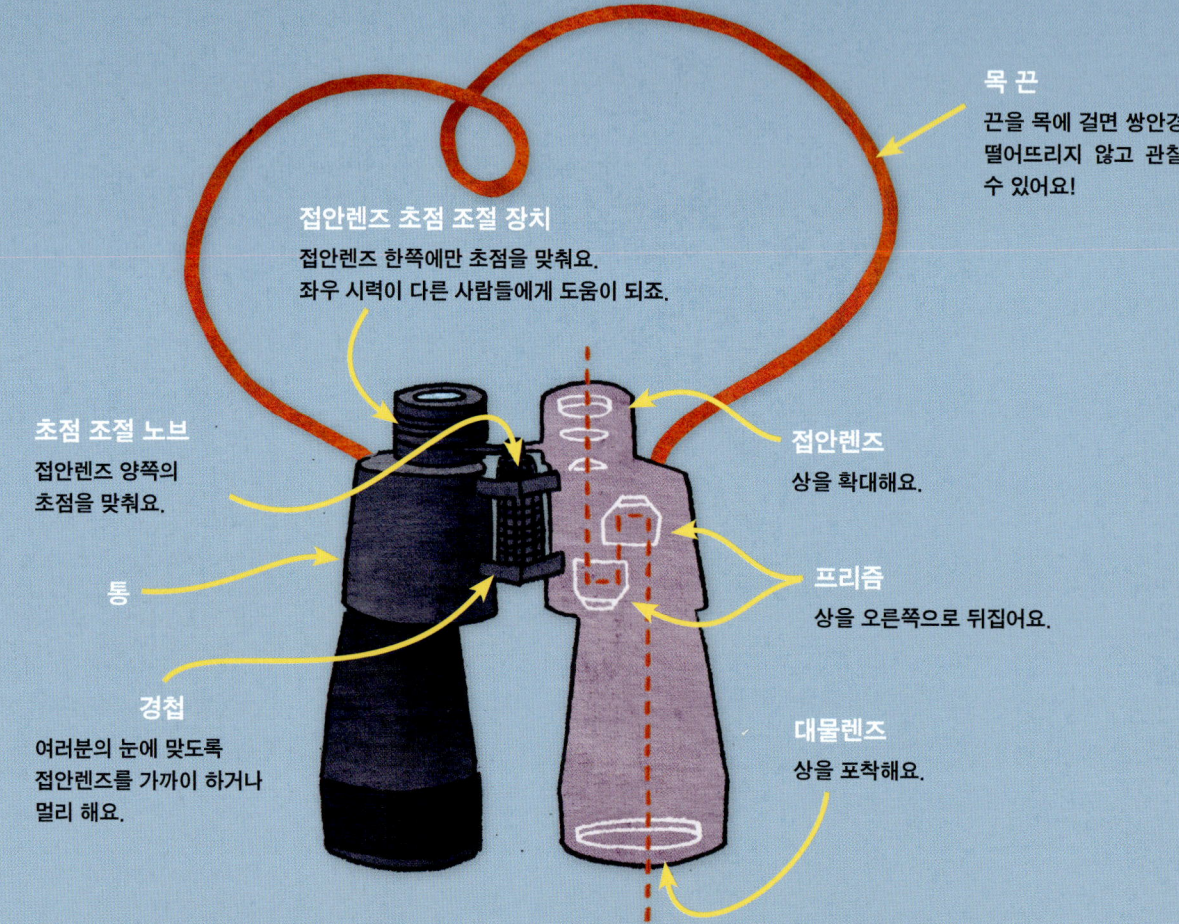

목 끈
끈을 목에 걸면 쌍안경을 떨어뜨리지 않고 관찰할 수 있어요!

접안렌즈 초점 조절 장치
접안렌즈 한쪽에만 초점을 맞춰요. 좌우 시력이 다른 사람들에게 도움이 되죠.

초점 조절 노브
접안렌즈 양쪽의 초점을 맞춰요.

통

경첩
여러분의 눈에 맞도록 접안렌즈를 가까이 하거나 멀리 해요.

접안렌즈
상을 확대해요.

프리즘
상을 오른쪽으로 뒤집어요.

대물렌즈
상을 포착해요.

작은 쌍안경은 초점 조절 장치가 큰 것 하나 대신 2개가 달린 경우가 많아요. 그러면 접안렌즈를 한 번에 하나씩 초점을 맞춰야 해요.
여러분이 안경을 꼈다면 안경을 벗지 않고도 쌍안경으로 관찰하거나 초점을 맞출 수 있어요. 고무 눈 보호대를 뒤로 젖히면 돼요.
쌍안경의 렌즈가 뿌예졌다 해도 직접 렌즈를 닦으면 안 돼요! 그러면 렌즈에 긁힌 자국이 생길 수 있어요. 그 대신 렌즈에 바람을 불어넣어 말리는 도구를 이용해 렌즈를 깨끗이 해요.

눈 보호대 사용법

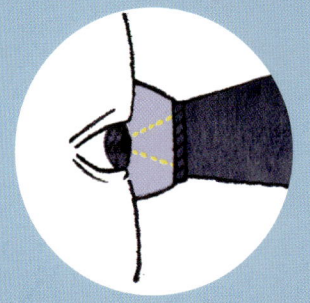
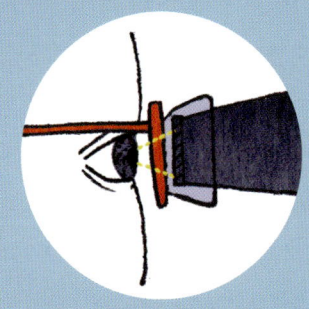

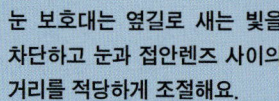

눈 보호대는 옆길로 새는 빛을 차단하고 눈과 접안렌즈 사이의 거리를 적당하게 조절해요.

만약 여러분이 안경을 썼다면 고무 눈 보호대를 그림처럼 뒤로 젖혀요.

초점을 맞추고 탐색하기

밤하늘을 관찰할 때는 눈이 어둠에 익숙해질 시간이 필요해요. 환한 천체부터 시작해 점점 희미한 천체를 관찰하는 식으로 나아가면 눈이 점점 예민해질 거예요.

쌍안경으로 원하는 천체를 찾는 작업은 꽤 어려워요. 바라보는 하늘의 면적이 제한되어 있기 때문이죠. 다음은 천체를 보다 잘 찾아낼 수 있는 기술과 요령이에요.

✳ **맨눈으로 먼저** 처음 소개할 좋은 방법은 천체를 찾아 맨눈으로 먼저 바라본 다음 그 자세 그대로 쌍안경을 천천히 눈으로 가져가는 거예요. 그러면 꽤 성공률이 높죠.

✳ **나선을 그리며 찾기** 여러분이 관찰하려는 천체를 쌍안경으로 찾을 수 없다면 쌍안경을 나선을 그리며 돌려 봐요. 시작점에서 점점 크게 원을 그리며 나선을 만들다 보면 천체를 찾을 수 있어요.

✳ **위로 올라가기** 또 다른 요령은 여러분이 관찰하려는 천체 바로 아래의 지평선에 자리한 사물에 쌍안경을 맞춘 다음, 천천히 위로 올리는 거예요.

쌍안경을 안정적으로 들고 버티기 위해서는 팔꿈치를 울타리나 벽에 기대는 게 좋아요. 배율이 10 이상인 쌍안경은 삼각대를 활용하면 돼요. 여러분이 관찰하는 물체가 하늘 높이 떠 있다면 관찰하다가 목이 아프지 않게 땅에 눕거나 비치 의자에 눕듯이 몸을 기대요.

나선을 그리며 찾기

목성

2 달

달은 하늘에서 두 번째로 밝은 천체예요.
(가장 밝은 천체는 물론 태양이죠!)

위상을 바꾸는 달

어쩌면 달에서 가장 눈에 띄는 특징은 밤마다 모양을 바꾸는 것처럼 보인다는 거죠. 달의 여러 모양을 **위상**이라고 해요.

달이 위상을 하나씩 다 거치는 데는 한 달이 걸려요. 영어로 '개월'이라는 단어도 달을 뜻하는 고대 영어에서 비롯했죠.

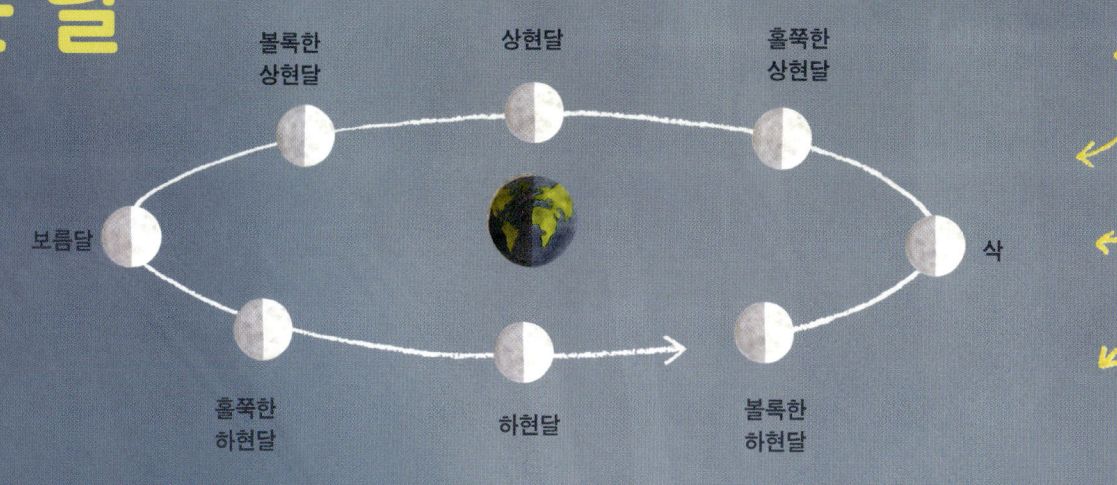

달의 위상은 어떻게 생길까?

하지만 달이 정말로 모양을 계속 바꾸는 건 아니에요. 달은 동그란 구에 가깝죠. 우리 눈에 보이는 건 태양의 빛을 받아 빛나는 일부예요. 달이 지구의 주위를 돌면서 시간이 갈수록 빛을 받아 반짝이는 부위가 달라져요. 그래서 지구에서 관찰하면 모양이 계속 바뀌는 것처럼 보이죠.

북반구에서 본 달의 위상 변화

남반구에 사는 사람들은 북반구에 사는 사람들이 보는 달 모양에서 위아래가 뒤집힌 모습을 봐요.

만약 달에 사람이 산다면 지구 역시 위상이 바뀌는 것처럼 보일 거예요. 지구의 위상은 달의 위상과 반대죠. 달에서 봤을 때 지구의 크기는 지구에서 봤을 때 달의 크기보다 4배 커요.

아폴로 계획을 통해 찍은 사진 가운데 가장 유명한 한 컷이에요. 지구가 지평선에서 떠오르는 이 광경은 1968년 아폴로 8호의 임무 수행 과정에서 찍었어요. 사령선 비행사 짐 로벨은 다음과 같이 말했죠. "그 광경은 우리가 지구를 떠나 반대쪽에 있다는 사실을 실감나게 해 주었습니다."

천문학자의 노트 Astronomy Notebook
달 관찰 일지 쓰기 ★

달은 매일 조금씩 모양이 바뀌어요.
관찰 일지를 쓰면 그 변화를 추적할 수 있죠.

언제든 달 관찰 일지를 쓰기 시작해도 괜찮아요. 삭이라서 달이 보이지 않을 때만 아니면요. 먼저 밤에 달을 찾아본 다음 낮 시간에도 찾아보세요. 그리고 달을 관찰했다면 일지에 아래의 정보를 기록해요.

몇 시간마다 달이 떴는지 찾아보세요. 그리고 달이 지는 시간을 기록해 보세요. 날씨가 맑으면 매일 달을 관찰해 봐요.

* 날짜와 시간
* 하늘에서 달이 뜬 위치(얼마나 높이 있는지, 어느 방향인지)
* 달의 모양 스케치

→ 달에 대해 어떤 사실을 알아냈나요?
→ 달의 모양은 어떻게 바뀌나요?
→ 달은 낮이나 밤에 언제나 같은 시간에 뜨나요?

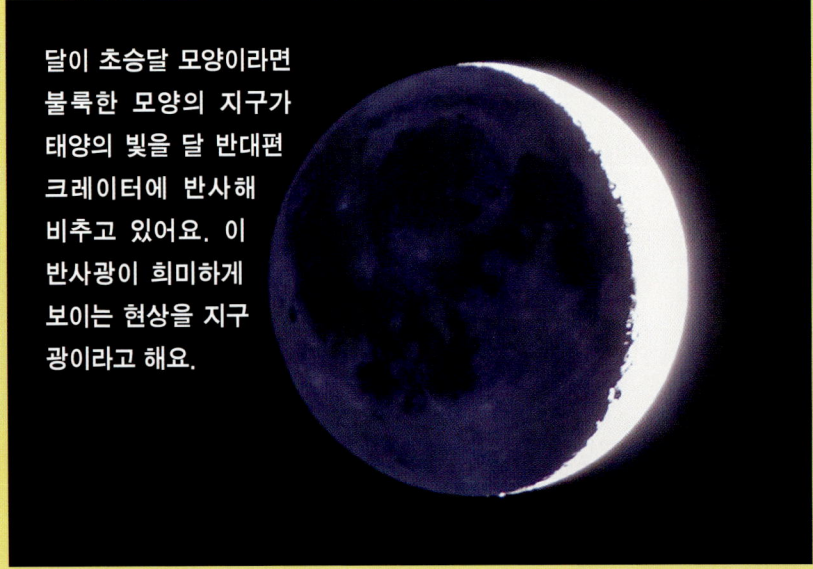

달이 초승달 모양이라면 불룩한 모양의 지구가 태양의 빛을 달 반대편 크레이터에 반사해 비추고 있어요. 이 반사광이 희미하게 보이는 현상을 지구광이라고 해요.

우리의 하나뿐인 달에 대해

지구와의 평균적인 거리 : 38만 4,472킬로미터

지름 : (지구와 비교했을 때) 0.27 (미국 크기 정도)

무엇으로 만들어졌을까 : 바위

대기 : 없음

중력 : 지구 중력의 6분의 1

온도 : 어두운 면은 영하 248도, 밝은 면은 253도

지구를 한 바퀴 도는 데 걸리는 시간 : 27.32일

위상이 원래대로 돌아오는 시간 : 29.53일

달의 위상이 원래대로 돌아오는 데 걸리는 시간이 지구를 한 바퀴 도는 시간보다 조금 길다는 사실을 눈치 챘을 거예요. 그건 달이 지구를 도는 동안 지구 역시 태양 주위를 돌기 때문이랍니다. 그래서 처음의 위상으로 돌아오려면 궤도를 2.2일 더 이동해야 하죠.

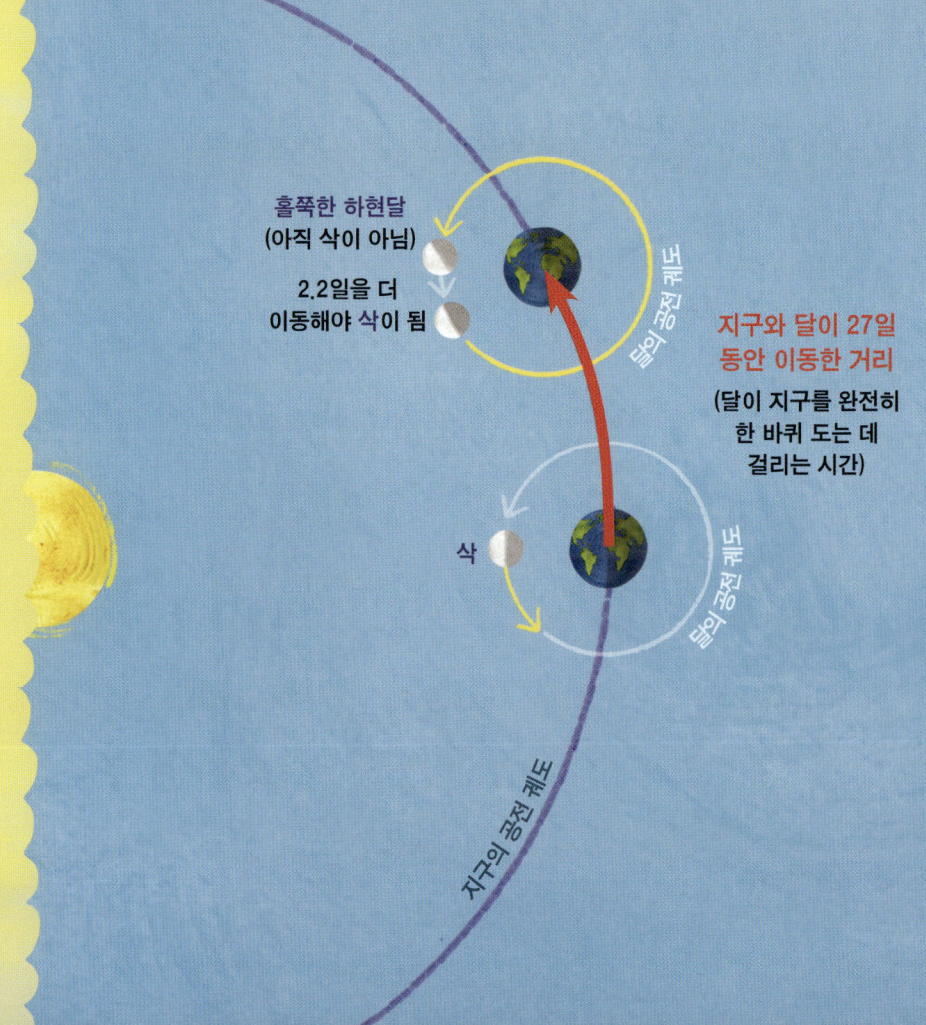

홀쭉한 하현달
(아직 삭이 아님)

2.2일을 더 이동해야 삭이 됨

지구와 달이 27일 동안 이동한 거리
(달이 지구를 완전히 한 바퀴 도는 데 걸리는 시간)

삭

달은 언제 뜨고 언제 질까?

비록 달은 언제나 동쪽에서 서쪽으로 이동하지만 매일 서로 다른 경로를 따르죠. 약 1달에 걸쳐 달이 공전 주기를 완전히 마무리하는 동안 달이 뜨는 시간은 매일 약 50분씩 느려져요.
보름달은 태양의 반대편에 있죠. 보름달은 해가 질 때 떠서 해가 뜰 때 져요. 그리고 삭은 해가 뜰 때 떠서 해가 질 때 지죠.

5일 연속으로 해가 지는 시간에 달의 위치를 관찰한 결과에요. 달은 매일 조금씩 고도가 높아지며 점점 커져요. (아래 그림에서는 달의 크기를 과장해서 크게 나타냈어요.)

위상	뜨는 시간*	자오선 통과	지는 시간*
삭	오전 6시	정오	오후 6시
홀쭉한 상현달	오전 9시	오후 3시	오전 9시
상현달	정오	오후 6시	자정
불룩한 상현달	오후 3시	오후 9시	오전 3시
보름달	오후 6시	자정	오전 6시
불룩한 하현달	오후 9시	오전 3시	오전 9시
하현달	자정	오전 6시	정오
홀쭉한 하현달	오전 3시	오전 9시	오후 3시

*달이 뜨고 지는 시간은 대략적인 값이에요(단 자오선 통과 시간은 정확해요).

Space Talk — **횡단, 가로지름** 천체가 자오선을 통과하거나 태양의 표면 같은 또 다른 천체를 통과하는 현상

실제보다 커 보이는 달

보름달이 지평선 위에 걸려 있으면 하늘에 높이 떠 있을 때보다 커 보여요. 하지만 여러분이 어디서 관찰하든 상관없이 사실은 동일한 크기죠. 13쪽에 소개한 우주 각도기를 통해 달이 지평선에 걸려 있을 때와 하늘에 높이 떠 있을 때 달의 크기를 직접 측정해 보세요.

그렇다면 어째서 달이 지평선에 걸렸을 때 더 커 보일까요? 그 이유는 알 수 없답니다! 일종의 시각적인 착각이죠. 우리 눈이 뇌를 속이는 거예요. 다음과 같은 두 가지 가능한 설명이 존재하죠.

1 하늘은 사실 반구 모양으로 생기지 않았다. 사실은 살짝 편평해서 천정이 지평선에 비해 우리와 더 가깝다. 그렇기 때문에 달이 지평선에 걸렸을 때 멀리 떨어져 있고 더 커 보인다.

2 지평선에는 지형지물들이 있다. 그래서 달이 건물이나 나무 같은 큰 사물 옆에 놓였기 때문에 달은 비교적 커 보인다. 하지만 달이 천정에 있으면 근처에 지형지물이 없어서 작아 보인다.

슈퍼문이란 무엇일까?

지구 주위를 도는 달의 공전 궤도는 완전한 원이 아니에요. 옆 그림처럼 타원 모양이죠(그림에서는 이해가 쉽게 되도록 과장해서 나타냈어요). 달이 궤도 위에서 지구와 가장 가까우며 보름달이거나 삭일 때 슈퍼문이라고 해요. 하지만 완전한 슈퍼문이라 해도 평균적인 보름달에 비해 약간 크고 더 밝을 뿐이기 때문에 뉴스에 나오지만 않는다면 대부분의 사람들은 눈치 채지 못할 정도죠.

그리고 달이 궤도 위에서 지구와 가장 멀 때를 가끔 마이크로문이라고 부른답니다.

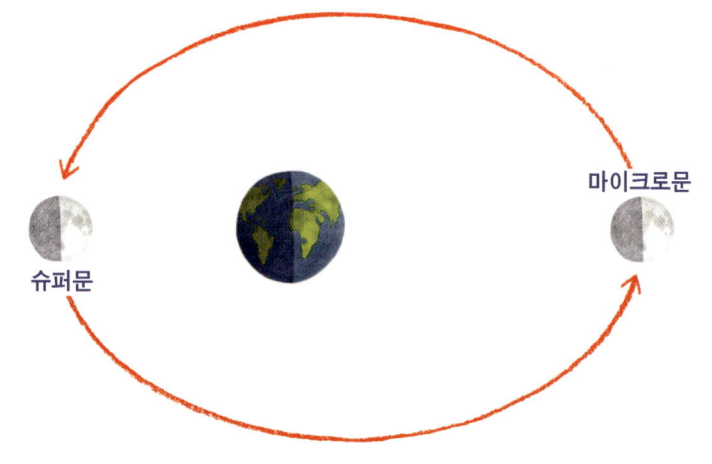

따라해 봐요
달이 되어 춤추기 ★★★

달과 지구, 태양이 하늘에서 움직이는 모습을 따라 춤을 추면 어떨까요?
여러분의 생각보다 쉽지는 않답니다! 그래도 어떤 역할이 가장 쉬울까요?

준비물
- 3명의 인원
- 실내나 실외의 탁 트인 공간
- 음향기기가 있으면 좋음

1 참가자들 각각이 태양, 달, 지구 역할을 맡아요.

2 이제 각자 정해진 위치에 서요.
   ✦ 태양은 우주 중심에 있어요.
   ✦ 지구는 태양의 한쪽 옆에 있어요.
   ✦ 달은 지구 바로 옆에 있어요.

3 이제 각 천체의 움직임을 연습해요.
   ✦ 태양은 한가운데에서 제자리에 머물며 빙글빙글 돌아요.
   ✦ 지구도 빙글빙글 돌면서 동시에 태양 주위를 반시계방향으로 돌아요.
   ✦ 달은 항상 지구를 바라보면서 지구를 반시계방향으로 돌아요. 지구가 태양을 도는 동안 지구를 따라다니며 태양을 같이 돌죠.

4 이제 공연을 할 시간이에요! 참가자들이 정해진 동작을 하며 '달의 춤'을 춰요. 원한다면 '문댄스'나 '플라이 미 투 더 문'처럼 달이 등장하는 노래를 틀 수도 있어요. 태양 주위를 다섯 바퀴 크게 돌아 봐요.

5 이제 역할을 바꾸고 다시 해 봐요!

달의 하루는 지구에서 약 한 달에 해당해요. 달이 삭에서 다음 번 삭까지 공전하거나 스스로 회전하는 데 걸리는 시간이죠.

태양　　지구　　달

달
관광하기

달에서 두 번째로 눈에 띄는 것은 크레이터로 덮여 있다는 점이죠. 크레이터는 유성체(우주를 돌아다니는 바위 덩어리)가 달과 충돌하면서 생겨요. 유성체가 얼마나 큰지, 얼마나 빨리 움직이는지에 따라 크레이터의 모양도 달라지죠.

몇몇 크레이터는 한가운데에서 수천 킬로미터 길이의 하얀색 줄기가 뻗어 나오기도 해요. 이런 줄기는 달 표면에서 튀어나온 밝은 색의 암석으로 구성되죠. 아주 큰 유성체가 부딪쳤을 때 이런 일이 발생해요.

그리고 달의 둥글고 매끈하며 어두운 평원을 바다라고 불러요. 달의 바다를 뜻하는 단어 '마레, Mare'는 라틴어로 '바다'를 의미하죠. 고대 사람들은 이곳이 진짜 달의 바다라고 생각했던 거예요.

달의 바다 역시 아주 큰 유성체가 달 표면에 부딪쳤을 때 만들어져요. 이 커다란 크레이터는 나중에 용암으로 채워지죠. 그 모습은 맨눈으로도 보여요. 37쪽의 '달 지도'를 보고 달의 바다 이름을 익혀 친구들에게 알려줘 보세요. 깜짝 놀랄 거예요!

아폴로 11호가 착륙한 지점

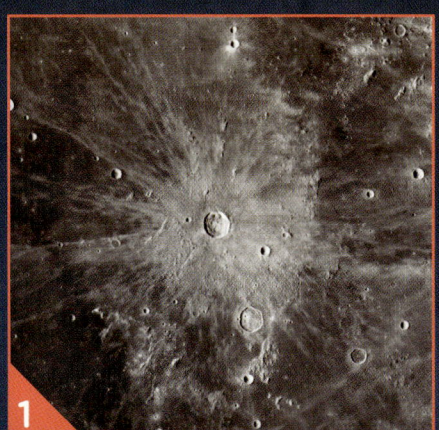

1 케플러 크레이터 유성이 달의 표면에 부딪치면서 충돌 지점에서 잔해가 바깥쪽으로 흩날리며 밝은 색 줄기 무늬가 뚜렷하게 남았어요.

2 코페르니쿠스 크레이터 생긴지 10억 년이 안 되었으며 줄기 무늬가 길고 뚜렷해요. 크레이터의 벽이 계단형이고 한가운데에 산봉우리가 있죠.

3 티코 크레이터 달의 밑바닥 근처에 있으며 비교적 젊고 뚜렷한 특징을 가진 크레이터에요. 하얀색 줄기가 밝은 색 줄무늬로 눈에 띄죠. 한가운데의 산봉우리는 높이가 약 2,000미터에요.

4 아페닌 산맥과 코카서스 산맥 바위투성이의 산맥으로 산봉우리의 높이가 달의 지표면에서 쟀을 때 5,000미터나 돼요.

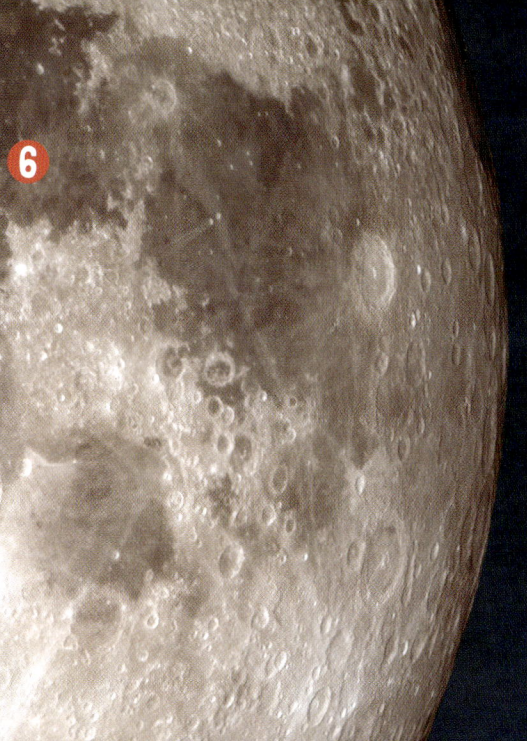

달의 뒷면

우리는 항상 달의 같은 쪽 면만 봐요. 달이 지구 주위를 돌면서 항상 지구에 같은 쪽 면을 보여 주거든요. 우리가 보는 쪽을 앞면이라고 하고 보지 못하는 면을 뒷면(이면, '어두운 면'이 아니에요!)

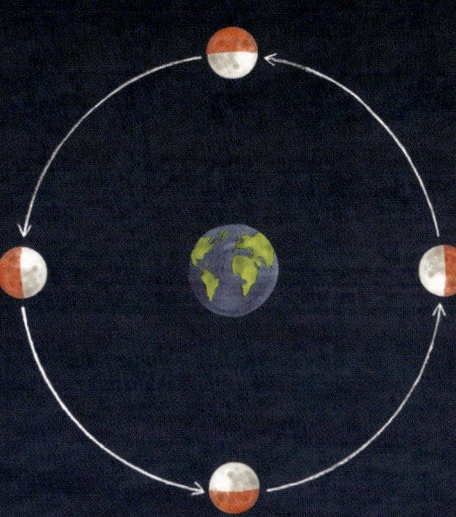

달의 앞면에는 뒷면에 비해 바다가 더 많아요. 앞면의 지각이 더 얇기 때문이죠. 하지만 과학자들은 그렇게 된 이유에 대해서 잘 모른답니다.

달에 착륙하다

처음으로 인류를 달에 옮겨 놓은 우주선은 아폴로 11호였어요. 1969년 7월의 일이었죠. 우주선 선장 닐 암스트롱은 달의 표면에 첫 발을 내딛으면서 다음과 같은 유명한 말을 남겼답니다.

"한 사람에게는 작은 한 발짝이지만 인류에게는 큰 도약이다."

달의 표면은 표토로 뒤덮여 있어요. 깊이가 약 5~10미터인 부서진 암석 조각의 층이죠.

5 맑음의 바다 이 바다에는 크레이터가 많고 현무암이 계속 생성돼요.

6 고요의 바다 이곳은 푸른빛을 띠지만 정말로 물이 있어서는 아니에요. 아마도 표면을 덮은 화산암의 금속 성분 때문일 거예요.

달은 어떻게 만들어졌을까?

달이 어떻게 만들어졌는지에 대해 가장 그럴 듯한 설명이 있다면 '대충돌 모형'일 거예요. 천문학자들은 태양계가 형성되는 과정에서(82~83쪽 참고) 화성만한 크기의 테이아라는 행성이 지구와 충돌했을 것이라 생각해요. 당시에 지구는 녹은 암석으로 이뤄져 있었고, 그래서 테이아의 대부분과 철로 된 핵은 지구의 한가운데로 잠겼죠. 그리고 충돌 과정에서 두 행성의 조각이 튕겨져 나가면서 지구 주위에 원반 모양의 잔해 덩어리가 형성되었어요. 이 '대충돌'은 지구의 자전축에도 충격을 주었을 거라 여겨져요. 시간이 지나면서 원반을 이루는 암석 덩어리가 서로 충돌하고 녹아서 엉겨 붙으며 점점 더 큰 암석을 이뤘답니다. 그 덩어리가 나중에 달이 되었어요.

달의 지각이 단단해진 뒤로도 유성체들이 달의 표면과 계속 부딪쳤죠. 몇몇은 정말 크기가 커서 분지라고 불리는 거대한 크레이터를 만들었어요. 화산이 폭발하면 이 분지에 용암이 가득 차면서 어두운 색깔의 바다를 형성했죠.

비록 화산 폭발은 끝났어도 유성체들은 달과 부딪치며 계속 크레이터를 만들었어요. 달의 바다는 생겨난 지 30억 년밖에 되지 않았기 때문에 여기에는 크레이터가 적죠. 고원이라고 불리는 주변의 흰색 구역은 나이가 40억 년은 된 것 같은 크레이터들이 있고요.

화산에서 형성된 현무암은 달의 바다를 가득 채워서 바다의 색이 어두워 보이게 해요.

창세기의 암석은 아폴로 15호 우주비행사들에 의해 달에서 채취되어 지구로 왔어요. 이 암석은 색깔이 옅은 사장석으로 이뤄졌고 나이가 최소 40억 년은 되었죠.

달과 지구의 공통점과 차이점

★ 달과 지구는 나이가 거의 같아요.

★ 달의 암석과 지구의 암석은 비슷한 구성요소로 이뤄진 복합체에요.

★ 달과 지구는 둘 다 여러 층으로 분화되었어요. 다시 말해 한가운데는 밀도가 높고 표면으로 갈수록 밀도가 낮은 물질이 자리해요.

★ 하지만 달에는 물이 몹시 드물죠.

★ 달은 지구에 비해 맨틀이 더 많고 핵이 적어요.

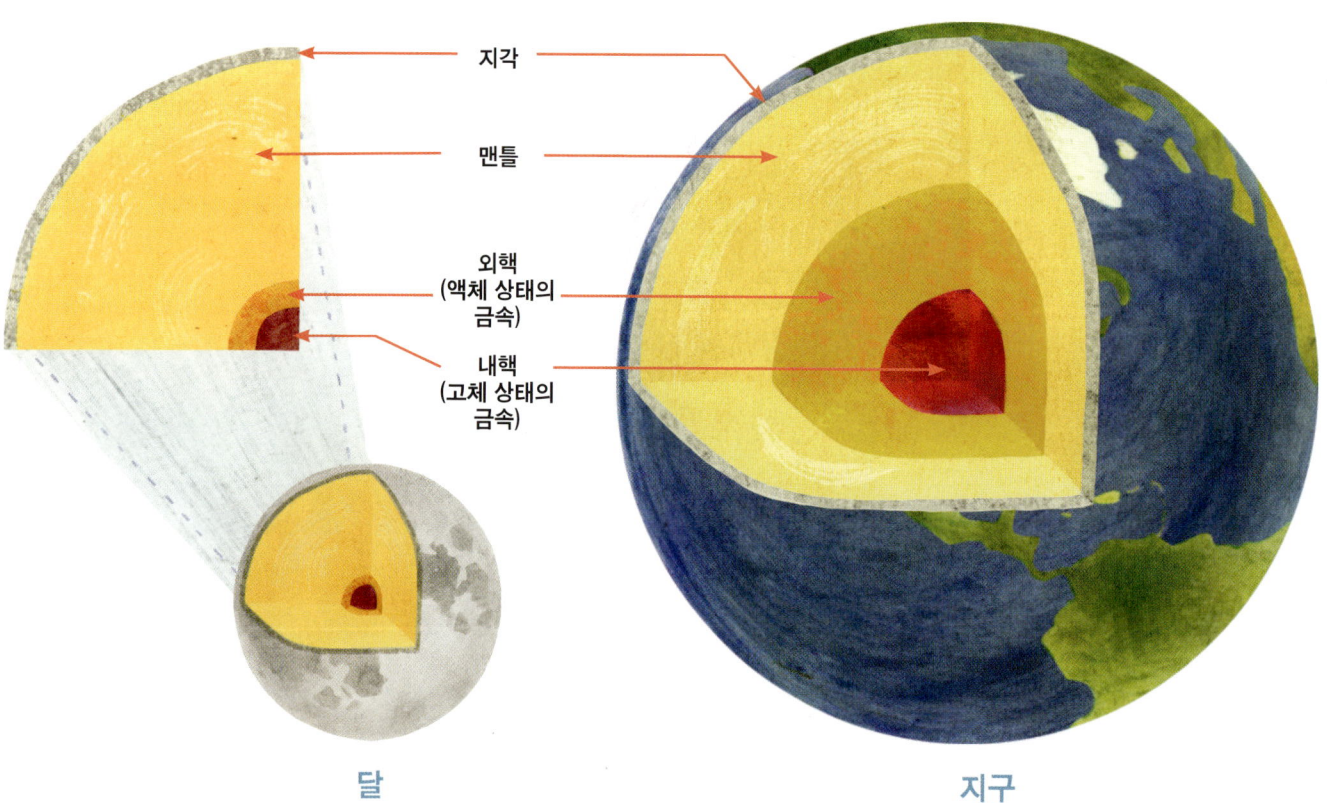

지각
맨틀
외핵 (액체 상태의 금속)
내핵 (고체 상태의 금속)

달 지구

대충돌 모형

45억 년 전
테이아 행성이 지구를 향해 쏜살같이 날아왔어요.

철 푸덕!

테이아는 지구와 충돌했죠. 철이 많이 든 테이아의 핵이 지구의 녹아 있는 암석에 빠져 한가운데를 향해 가라앉았어요.

녹은 암석의 뜨거운 덩어리들이 우주로 흩날리며 지구 주위를 원반처럼 둘러쌌어요.

1억 년이 더 지난 뒤

원반 속 암석 덩어리들이 서로 충돌해 더욱 큰 암석이 되었어요.

콰직! 쾅!

암석들은 충돌해 하나의 덩어리로 녹아들었어요.

덩어리에서 밀도가 높은 암석과 금속은 가라앉고 밀도가 낮은 암석은 표면에 올라왔어요.

43억 년 전에서 38억 년 전 사이

엄청나게 큰 유성들이 지구와 달에 충돌하면서 분지라고 불리는 거대한 크레이터를 남겼어요.

쿵!

달에서는 화산에서 나온 용암이 분지를 채워 달의 바다가 되었어요.

지구에서는 기상 현상과 화산 활동 때문에 크레이터의 흔적이 대부분 지워졌어요.

쾅!

10억에서 20억 년 전

화산 분출이 끝났지만 유성들이 계속해서 달에 부딪쳐 크레이터를 더 많이 만들었어요.

천문학자의 노트 Astronomy Notebook
달을 그려 봐요

사람들은 달 속에서 자기가 보고 싶은 여러 가지를 보았어요. 옛날 사람들은 달에서 자기들이 본 것에 대한 이야기를 지어 냈죠.

여러분은 달에서 무엇을 보았나요? 보름달을 그리고 달의 바다를 여러분 마음대로 그려 보세요. 그런 다음 그게 어떤 모양이고 어떤 사연이 있는지 지어 내 봐요.

달 속의 남자
미국

여러분은 달 표면에서 사람의 얼굴이 보이나요? 몇몇 사람들은 남반구에서는 달의 얼굴이 행복해 보이고 북반구에서는 슬퍼 보인다고 말해요. 사실 달은 여러분이 어디를 여행하고 있는지에 따라 달라 보이죠. 남반구에서 보면 밝은 색의 티코 크레이터가 맨 위로 올라온 것처럼 보여요. 북반구에서는 아래로 내려간 것처럼 보이고요.

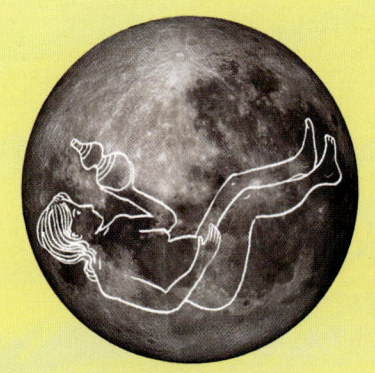

달 속의 여자
뉴질랜드

마오리족의 전설에 따르면 한 여성이 물을 길어 오는 길에 달을 조롱했어요. 그러자 달은 그 여성을 잡아갔죠. 여러분은 달의 바다에서 여성의 모습과 물을 떠오는 데 사용했던 호리병이 보일 거예요.

달 속의 나무
하와이

폴리네시아의 전설에 따르면 여신인 히나는 천을 짜는 기술이 뛰어나서 반얀 나무껍질로도 아름다운 카파 천을 만들었어요. 하지만 히나는 한 곳에 머물지 못하고 지구를 떠났죠. 그리고 무지개를 타고 태양에 도착했지만 너무 더워서 달에 갔어요. 히나는 반얀 나무와 함께 달에 남았죠. 달 표면에서 나무와 여신이 사는 곳, 여신이 천 짜는 모습이 보여요.

달 토끼
동아시아

전 세계 많은 문화권에서는 달에 토끼의 형체가 보인다고 여겨요. 중국의 민담에 따르면 토끼는 절구와 절굿공이로 신에게 바칠 약초를 빻고 있어요.

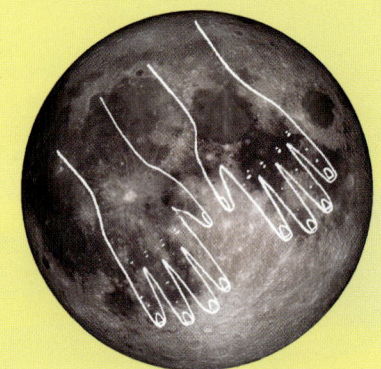

손바닥 자국
인도

인도의 신화에 따르면 지구의 여신은 자기 딸인 달의 뺨에 손을 올려 작별 인사를 했어요. 이때 달의 얼굴에 손바닥 자국이 남았고 아직도 그것이 관찰된다고 하죠.

달의 지도

달 표면에는 맨눈이나 쌍안경으로 보이는 바다와 커다란 크레이터들이 있어요.

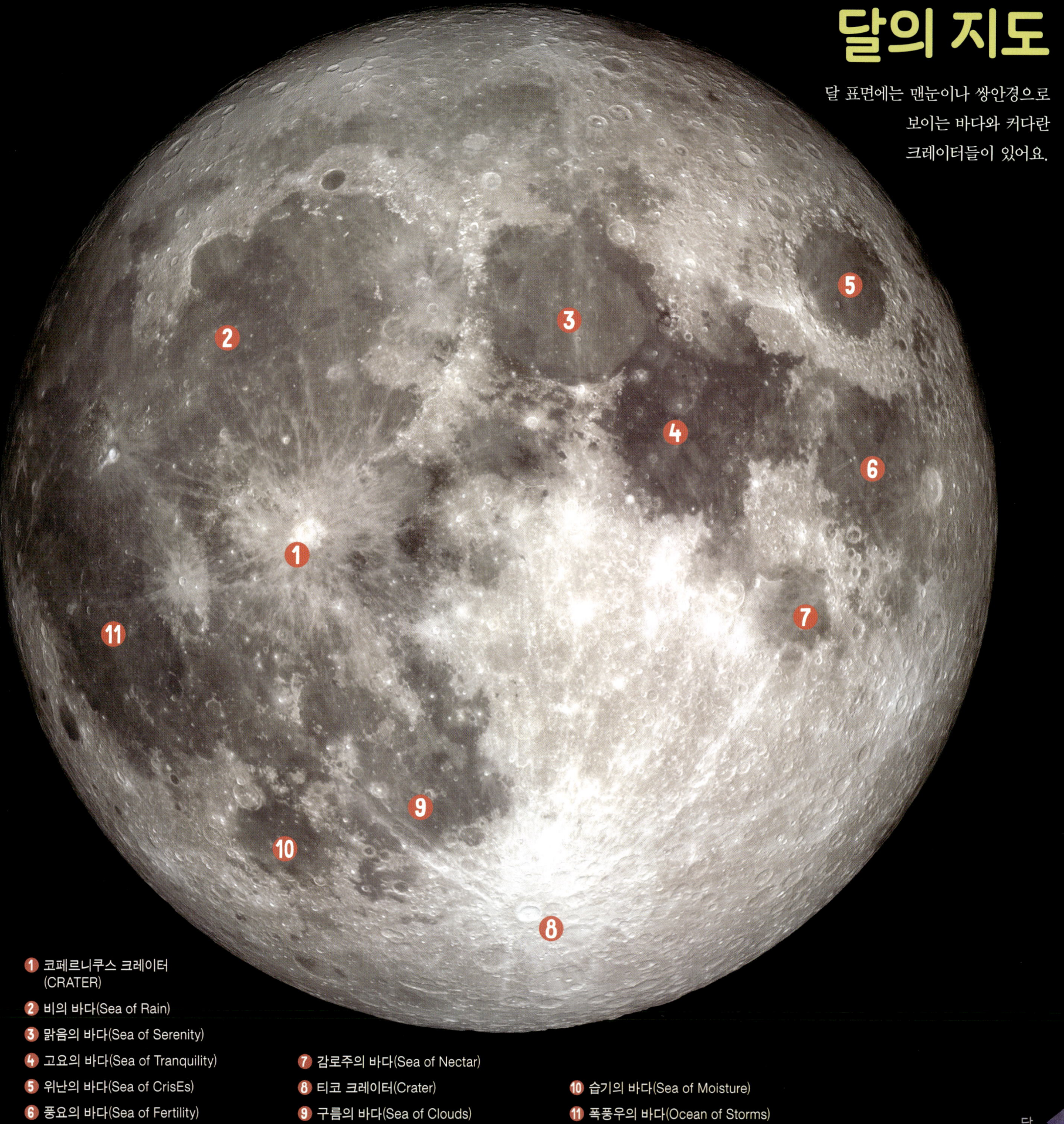

1. 코페르니쿠스 크레이터 (CRATER)
2. 비의 바다 (Sea of Rain)
3. 맑음의 바다 (Sea of Serenity)
4. 고요의 바다 (Sea of Tranquility)
5. 위난의 바다 (Sea of CrisEs)
6. 풍요의 바다 (Sea of Fertility)
7. 감로주의 바다 (Sea of Nectar)
8. 티코 크레이터 (Crater)
9. 구름의 바다 (Sea of Clouds)
10. 습기의 바다 (Sea of Moisture)
11. 폭풍우의 바다 (Ocean of Storms)

특별한 천문 현상
월식

태양은 지구를 비춰서 그림자를 우주 공간에 드리우게 해요. **월식**은 보름달이 지구의 그림자를 지나갈 때 생기죠. 하지만 지구 주위를 도는 달의 공전 궤도가 지구의 공전 궤도에 대해 약간 기울어졌기 때문에, 태양과 달, 지구는 보름달일 때 완벽하게 한 줄로 늘어서 월식을 일으키지는 못해요. 그래서 월식은 1년에 2번 정도만 일어나죠. (그리고 다음 장에서 설명하겠지만 **일식**도 두 종류가 있답니다!)

지구의 그림자는 두 가지 방식으로 달에 드리워져요. 그림자의 바깥쪽 가장자리인 흐린 **반그림자**가 닿기도 하고, 그림자의 어두운 한가운데인 **본그림자**가 닿기도 하죠.

지구의 본그림자가 달을 완전히 뒤덮지 못할 때 부분월식이 일어나요. 또 반그림자가 달의 일부나 전부를 덮으면 반영월식이 일어나죠.

맑은 날 밖에서 여러분의 그림자를 한번 들여다보면 가장자리가 흐릿할 거에요. 이것이 여러분의 반그림자랍니다!

몇몇 사람들은 사진처럼 붉은 빛을 띠는 월식을 '피의 달'이라고 부르죠.

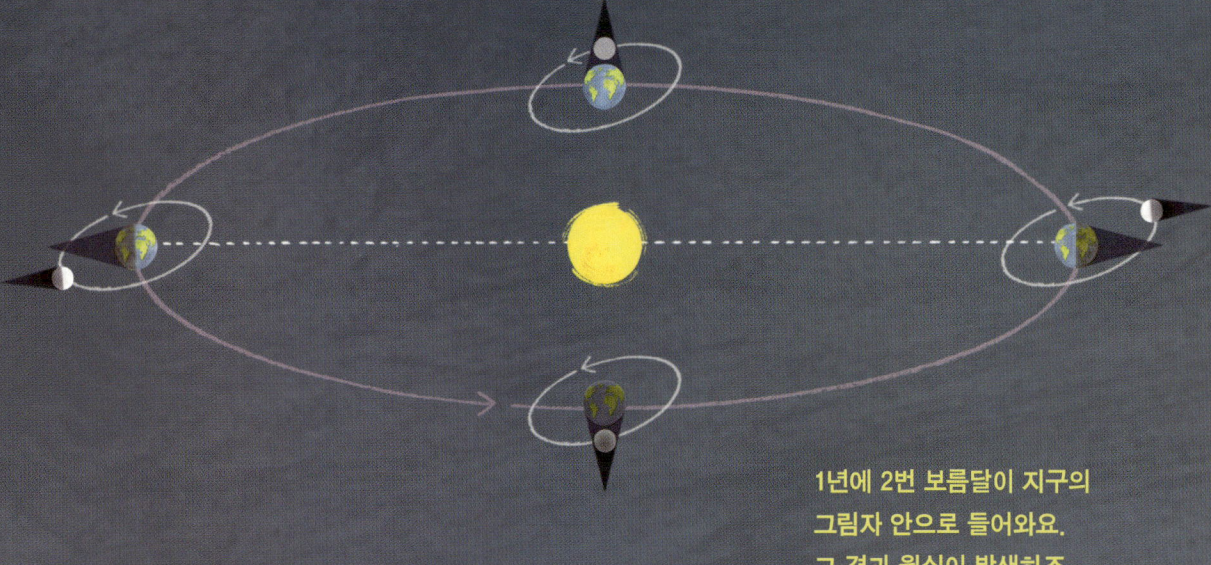

1년에 2번 보름달이 지구의 그림자 안으로 들어와요. 그 결과 월식이 발생하죠.

태양계의 3개 천체가 줄지어 나란히 서는 현상을 삭망이라고 해요. 단어가 참 어렵죠!

월식이 일어나는 단계

P1(첫 번째 접촉)
달이 반그림자 안으로 처음 들어가요. 부분월식이 시작되죠.

U1(첫 번째 접촉)
태양이 본그림자 안으로 처음 들어가요. 보름달이 한 입 깨문 모습으로 보여요. 부분월식이 시작되죠.

U2(두 번째 접촉)
달이 완전히 본그림자 안에 있어요. 개기일식이 시작되죠.

중간 일식
개기일식의 중간 지점이에요. 일식 과정에서 가장 어둡죠.

U3(세 번째 접촉)
달이 본그림자에서 벗어나기 시작해요. 개기일식이 끝나죠.

U4(네 번째 접촉)
달이 본그림자에서 완전히 벗어나요 (하지만 아직 반그림자 안에 있죠). 부분일식이 끝나는 지점이에요.

P4(네 번째 접촉)
달이 반그림자에서 벗어나요. 반영월식이 끝났어요.

지구에서 보면 어떻게 보일까

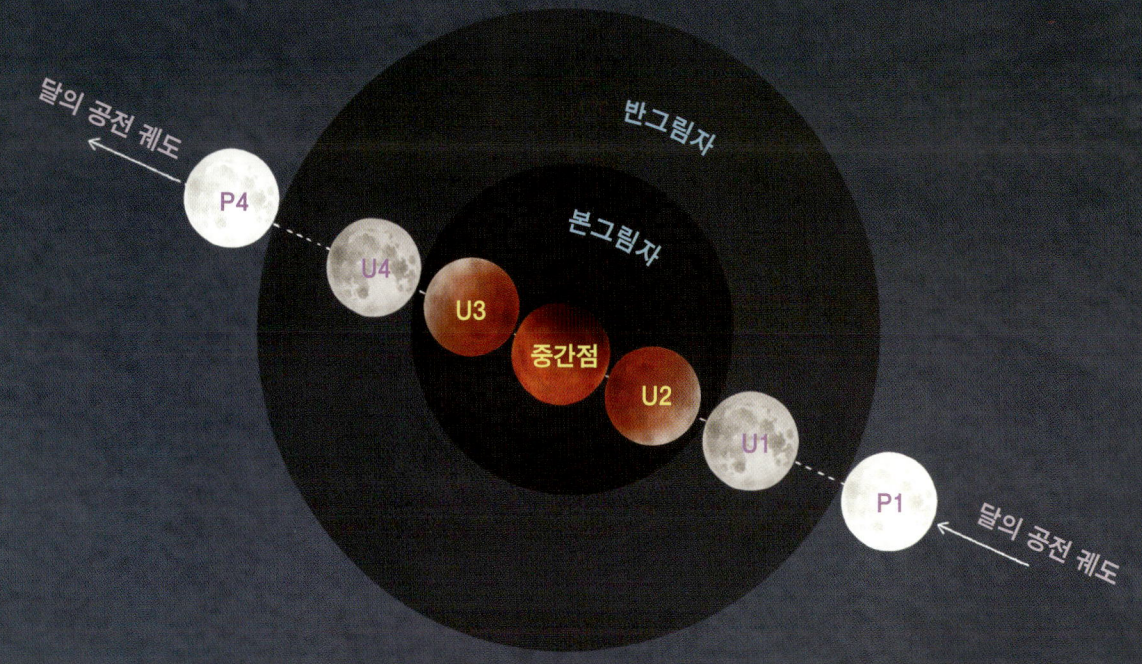

우주에서 보면 어떻게 보일까

태양과 지구 사이의 거리는 태양 지름의 108배에요. 하지만 이 비율을 제대로 반영해서 표시하려면 책의 폭이 22미터는 되어야 하기 때문에 거리를 적당히 줄여서 나타냈죠.

월식을 관찰하는 방법

월식은 일식과 달리 맨눈으로 관찰해도 안전해요.

언제 인터넷으로 월식이 일어나는 시간을 검색해요. 하지만 주의할 점이 한 가지 있답니다! 많은 웹사이트에는 월식 시간을 UTC(협정세계시) 기준으로 표시하는데 이것은 영국 그리니치 천문대를 기준으로 한 시간이에요. 그러니 여러분이 사는 지역의 시간에 맞게 환산해야 해요.

어디서 월식이 일어나는 동안 달을 잘 관찰할 수 있는 장소를 찾아요. 보름달은 오후 6시쯤에 동쪽 지평선 가까이에 걸리고, 자정에 남쪽 하늘에 높이 뜨죠(남반구에서는 북쪽 하늘에 뜨고요). 그리고 오전 6시쯤에는 서쪽 지평선에 걸려요.

어떻게 비치 의자에 눕듯이 앉거나 담요를 깔고 누워요. 그래야 목이 아프지 않으니까요.
만약 쌍안경이 있다면 달을 더 확대해서 가까이 관찰할 수 있어요.

 약 2,000년 전 고대 그리스인들은 월식이 일어나는 동안 보이는 지구의 그림자가 둥글다는 점을 통해 지구가 둥글다는 사실을 깨달았어요.

달을 다시 가져와!

오랜 옛날, 여러 다른 문화권의 사람들은 어떤 존재가 달을 삼켰기 때문에 월식이 일어난다고 생각했어요. 그래서 큰 소리를 내거나 총이나 화살을 공중에 쏴서 그 존재를 겁주어 쫓아내려고 했죠. 심지어 오늘날에도 미국 로스앤젤레스의 그리피스 천문대에서는 사람들이 월식을 관찰하면서 악기를 연주하거나 냄비와 프라이팬을 두드린답니다. 어차피 달은 자연스럽게 원래의 모습으로 돌아오기는 하지만요!

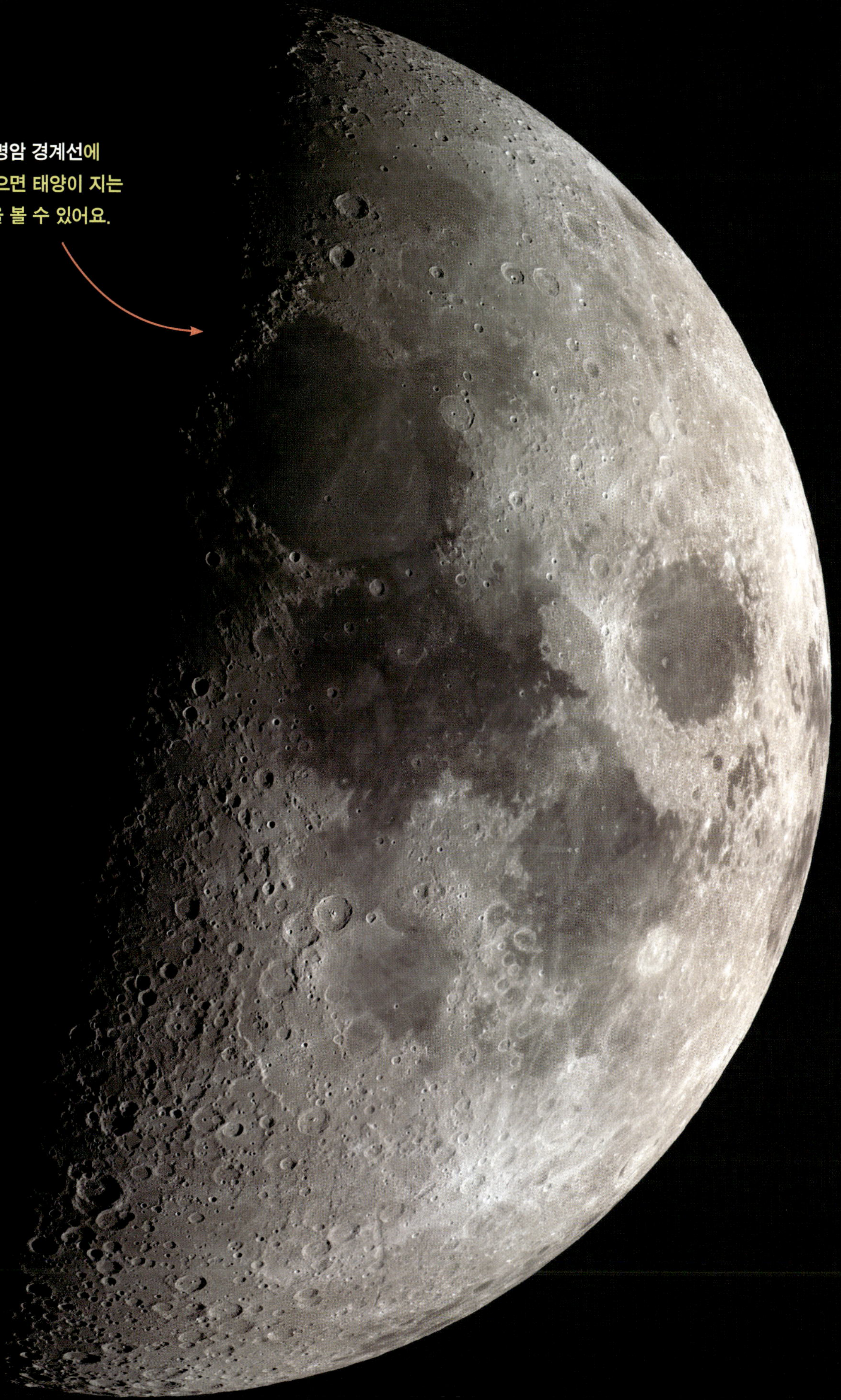

달의 명암 경계선에 서 있으면 태양이 지는 모습을 볼 수 있어요.

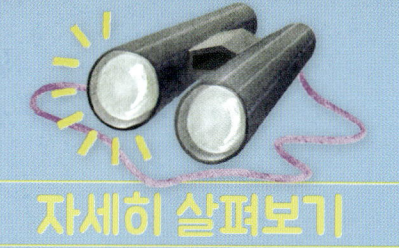

자세히 살펴보기

달

쌍안경으로 달을 관찰하면 맨눈으로 보는 것보다 더 자세한 곳까지 볼 수 있어요.

달에서 빛과 그림자의 경계를 명암 경계선이라 하죠. 이 경계선을 따라 그림자가 길게 이어지며 근처의 크레이터를 더 선명하게 볼 수 있어요. 하지만 보름달이 되면 명암 경계선이 사라지죠. 보름달은 밝게 빛나는 편평한 원반 모양이에요. 보름달에서 선명하게 보이는 건 바다뿐이죠.

달이 초승달 모양일 때는 쌍안경을 통해 지구광(28쪽 참고)을 볼 수 있어요. 맨눈으로는 보이지 않는 현상이에요. 쌍안경으로는 어두운 구역의 크레이터나 바다도 보여요.

쌍안경으로 달을 관찰할 때면 붉은색 전등과 달의 지도(37쪽 참고), 그리고 여러분의 천문학 노트를 챙겨 가세요. 그리고 쌍안경을 통해 본 것들을 노트에 그리면 자세한 부분까지 파악할 수 있답니다. 관찰 시간이 길어질수록 더 많은 것을 보게 될 거예요!

월식 역시 쌍안경을 통해서 보면 꽤 흥미로워요. 달의 표면을 따라 지구의 그림자가 이동하는 모습을 볼 수 있을 거예요. 달이 희미한 붉은색으로 빛나며 개기일식이 일어나는 동안에는 달이 원반보다는 부피가 있는 구처럼 보이죠.

3

태양

태양은 태양계의 한가운데에 자리하며 가장 중요한 천체랍니다.
태양의 중력 덕분에 모든 행성들이 계속 궤도를 돌 수 있죠.
태양에서 오는 빛은 지구상의 모든 생명체에게 에너지를 제공해요.
오래 전부터 인류는 태양의 이동 경로를 보면서
시간을 알아내고 계절의 흐름을 예측했어요.

태양은 어느 방향으로 움직일까

태양은 관찰하기 쉬워요. 크고 환한 데다 낮에 떠 있으니까요. 하늘에 구름이 약간 떠 있어도 태양을 볼 수 있죠. 달을 관찰할 때와는 다르게 대기 오염이 있어도 관찰하는 데 전혀 문제가 없고요!

하지만 조심할 점이 있어요. 맨눈으로 태양을 곧장 바라봐서는 절대 안 돼요. 여러분의 수정체는 망막에 햇빛의 초점을 맞추는데 그러면 망막이 영구적인 손상을 입을 수 있어요. 이 장 뒷부분에는 안전하게 태양을 관찰하는 방법에 대해 설명했답니다.

태양의 이동 경로 추적하기

태양이 이동하는 경로는 매일 조금씩 달라져요. 매일 조금씩 다른 장소에서 떴다가 자오선을 통과하고 져요. 지평선을 따라 태양이 어디서 지는지 추적해 보면 알 수 있죠. 1~2주만 시간이 흘러도 지평선에서 해가 지는 지점은 바뀔 거예요.

스톤헨지는 고대 잉글랜드에서 만든 둥글게 배열한 돌 조형물이에요. 과학자들은 이곳에 살았던 농부들이 해가 뜨고 지는 지점을 표시하기 위해 큰 돌을 세워 두었다고 생각해요. 계절의 흐름과 변화를 미리 알아야 농부들이 계획을 세울 수 있으니까요. 1년 중 특별한 시점에는 특별한 돌로 표시를 했죠.

수천 년 전에 만들어진 스톤헨지에서는 1년 중 각기 다른 시점에 각각의 돌 근처에서 해가 뜨거나 져요. 원의 한가운데에서 바라보면 그 모습을 볼 수 있죠.

미국 와이오밍 주 빅혼 산맥의 국립 역사 기념물인 메디신 산의 메디신 휠은 수백 년 동안 계절의 변화에 따른 시간을 나타냈어요.

시티헨지

여러분이 사는 지역이 격자 모양으로 배열되어 있다면 '시티헨지'를 경험할 수 있을지도 몰라요. 시티헨지란 1년에 하루나 이틀쯤 되는 기간에 해가 지는 모습을 도시의 모든 거리에서 건물들 사이로 볼 수 있는 현상이죠. 뉴욕의 맨해튼에서는 이런 현상이 1년에 2번 일어나요. 5월 말과 7월 중순이죠 (정확한 날짜는 인터넷에서 검색할 수 있어요).

여러분이 사는 지역이 격자로 배열되어 있나요? 인터넷 지도를 통해 살펴보세요. 만약 그렇다면 태양이 지는 햇살이 여러분이 사는 거리를 똑바로 비추는 날이 언제인지 알아봐요.

천문학자의 노트 Astronomy Notebook
일몰 달력 만들기 ★★

여러분이 사는 곳의 해가 지는 시간을 달력에 표시해 봐요.
(이 과제는 1년 내내 계속해야 한답니다!)

1. 서쪽 지평선이 잘 보이고 여러분이 언제든 편하게 방문할 수 있는 장소를 찾아요. 이곳이 여러분의 관찰 지점이 될 거예요.

2. 지도나 인터넷의 위성사진을 통해 여러분의 관찰 지점에서 어느 방향이 서쪽인지 알아봐요. 나침반은 사용하지 마세요! (그 이유에 대해서는 이 장 뒷부분에서 설명할 거예요.)

3. 서쪽 지평선을 관찰해 그림으로 그려 봐요.

4. 인터넷에서 해가 지는 시간을 확인해요. 그 시간보다 1시간 먼저 여러분의 관찰 지점에 가세요. 천문학자들에게 일몰 시간이란 태양이 지평선과 만나는 시간이에요. 하지만 여러분이 사는 지역의 지평선에는 건물이나 언덕이 있을 테고, 그래서 실제로 해가 지는 시간은 공식으로 표시된 시간보다 조금 빨라요.

5. 해가 질 때까지 기다려요. 해가 지고 나면 여러분이 앞서 그린 지평선 그림 위에 해가 진 곳을 X 표시해요. 그리고 X 표시 옆에 날짜와 시간을 적어요.

6. 일주일에 한 번씩 이 5단계를 반복해요. 계절이 시작되는 첫 번째 날이라든가 여러분의 생일 같은 특별한 날에는 꼭 해 지는 모습을 관찰해요.

1년 동안 관찰을 끝마치고 나면 여러분은 사는 지역에서 1년 중 각기 다른 시간에 해가 어디서 지는지 알 수 있어요. 여러분이 그렸던 지평선 그림을 달력을 만들 때 활용해요.

만약 여러분이 일찍 일어난다면 해 뜨는 시간에 대해서도 같은 실험을 할 수 있어요. 일출은 일몰과 똑같은 패턴을 따르지만 단지 서쪽 지평선이 아니라 동쪽 지평선에서 관찰되죠.

계절은 어떻게 생길까?

지구는 공전 궤도를 따라 태양 주변을 돌아요. 이 궤도를 따라 지구가 태양을 한 바퀴 완전히 돌고 계절의 순환이 한 번 반복되려면 1년이 걸리죠.

지구의 자전축은 북극과 남극을 통과해요. 지구의 북극은 언제나 북극성(폴라리스)를 향해 있죠. 하지만 북극성은 지구 공전 궤도의 바로 위에 있지는 않아요. 왜냐하면 지구의 자전축이 공전 궤도에 대해 23.5도 기울어져 있거든요.

지구가 태양 주위를 돌 때 태양은 지구 적도의 북쪽이나 남쪽에 나타나요. 이것은 계절, 다시 말해 지구가 공전 궤도 위의 어느 지점에 있는지에 따라 다르죠.

★ 3월 21일과 9월 21일(하루 정도 오차가 생길 수 있음) 태양이 적도 바로 위를 비춰요. 이때를 춘분과 추분이라고 하죠. 이 날은 봄과 가을이 시작되는 첫 날이에요.

★ 6월 21일 북반구에서는 여름이 시작되는 첫 날이에요. 태양이 적도에서 북쪽으로 23.5도 떨어진 최북단점을 똑바로 비추죠. 이 날을 하지라고 해요.

★ 12월 21일 북반구에서 겨울이 시작되는 첫 날이에요. 태양이 적도에서 23.5도 남쪽인 최남단점을 똑바로 비추죠. 이 날을 동지라고 해요.

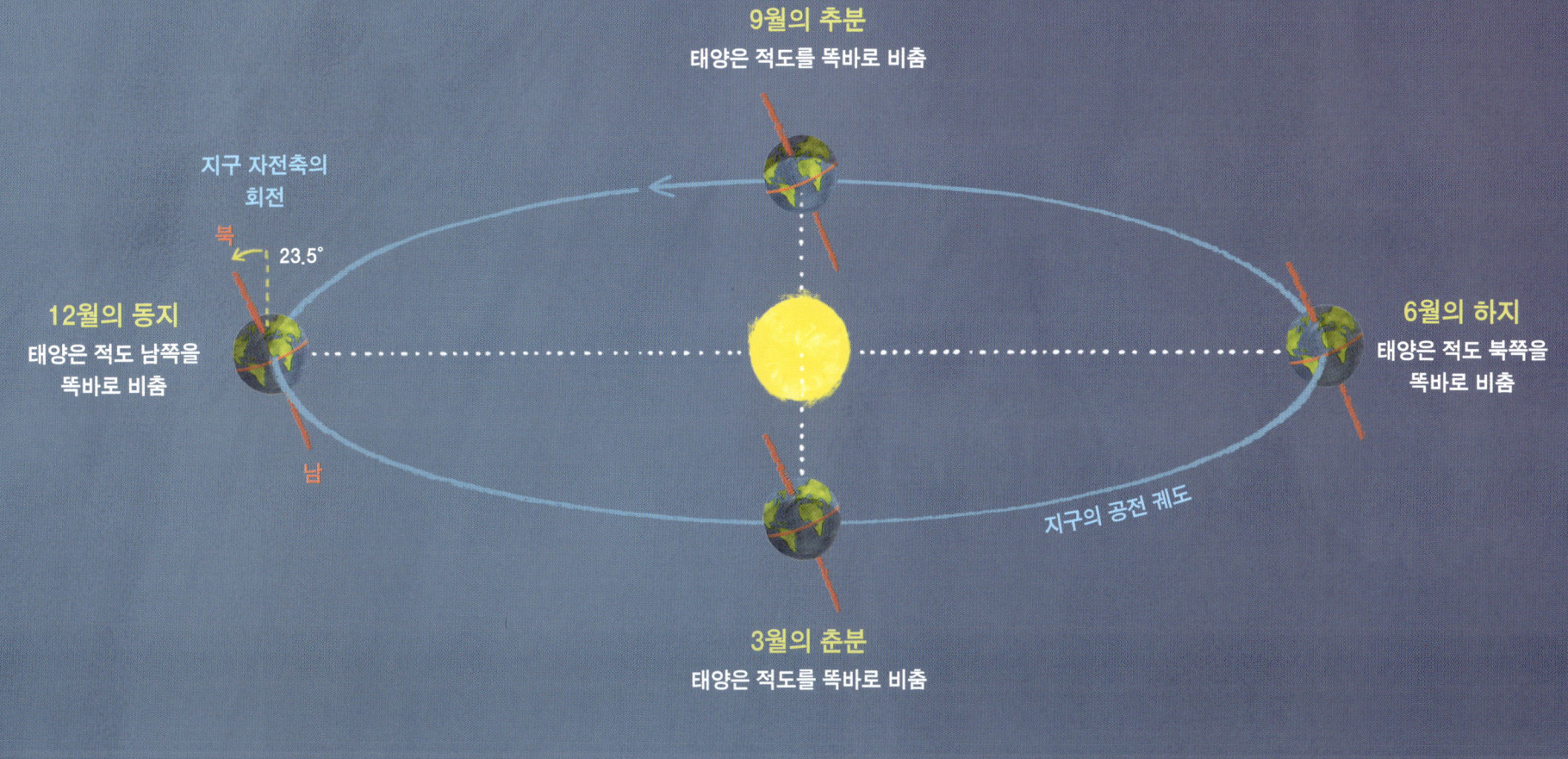

우주에서 바라본 계절의 변화

태양의 이동 경로

태양이 이동하는 경로 가운데 우리 눈에 보이는 건 사실 24시간 동안 완전한 원을 그리며 움직이는 태양의 경로 가운데 일부예요. 이 원의 일부가 지평선 위에 얼마나 드러나 있는지를 보면 해가 얼마나 오래 떠 있는지 알 수 있죠. 지평선 아래의 경로는 밤이 얼마나 긴지 알려주고요.

3월의 춘분과 9월의 추분에는 태양이 정확한 동쪽인 정동에서 떠서 정서에서 져요. 낮은 12시간이죠.

12월의 동지에는 태양이 남동쪽에서 떠서 남서쪽으로 져요. 북반구에서는 이때 낮이 짧고 밤이 길죠. 해가 하늘에 낮게 걸려 있는 겨울철이에요.

6월의 하지에는 태양이 북동쪽에서 떠서 북서쪽으로 져요. 북반구에서는 이때 낮이 길고 밤이 짧죠. 태양이 높이 뜨는 여름철이에요.

남반구에서는 계절이 북반구와는 정반대에요. 태양은 6월에 낮게 뜨고 12월에 높게 뜨죠.

지구에서 본 계절의 변화
북위 40도인 지역의 하늘에서 태양의 이동 경로

달의 이동 경로

보름달은 태양의 반대쪽 하늘에 있어요. 겨울에는 보름달이 높이 떠서 12시간 넘게 지평선 위에 머무르죠. 반면에 여름에는 보름달이 하늘에서 낮게 떠서 움직여요.

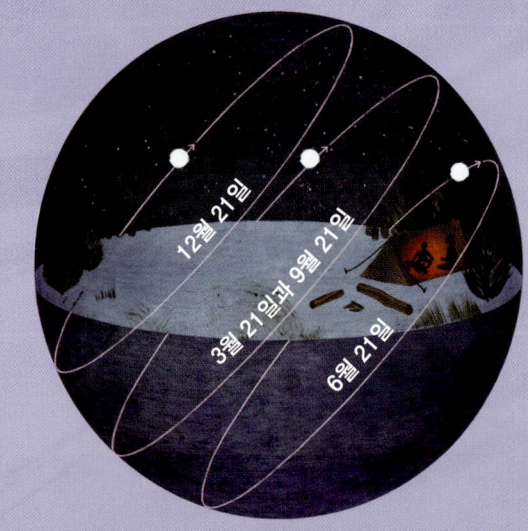

46 태양

북극권과 남극권에서는 태양이 지지 않는 날이 있어요. 이 사진은 하지의 백야 때 20시간에 걸쳐 1시간마다 한 번씩 저속 촬영한 결과예요.

세계 여러 지역에서 태양의 이동 경로

태양의 이동 경로는 여러분이 사는 지역이 적도와 얼마나 멀리 떨어져 있는지에 달려 있어요. 다시 말해 위도에 따라 다르죠. 만약 여러분이 적도 근처에 산다면 태양은 하늘에 높이 떠서 움직여요. 하지만 적도에서 먼 곳이라면 태양이 하늘에 낮게 걸려 움직이죠. 특히 북극이나 남극 근처라면 태양은 아주 낮게 떠서 이동해요. 이런 차이 때문에 전 세계 여러 지역의 기후가 다른 거예요. 북극이나 남극에서는 여름에 6개월 동안 낮이 이어지고 겨울에는 6개월 동안 밤이 이어져요. 태양이 춘분이나 추분에 떴다가 지죠.

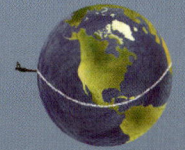

적도에서 태양의 이동 경로

북극에서 태양의 이동 경로

태양으로 시간을 알아내기

고대 사람들은 하늘에서 이동 경로를 따라 해가 뜨는 시간과 지는 시간을 조사해 하루의 시간을 알아냈어요. 태양이 남중해서 자오선을 통과할 때 하늘에서 가장 높은 곳에 떠 있죠. 이때가 하루의 절반이 지난 정오에요. 정오 이전의 오전 시간을 a.m.이라고 표기하는데 이것은 라틴어로 '자오선 이전의'라는 뜻을 가진 'ante meridiem(안테 메리디엠)'을 줄인 방식이죠. 오후는 p.m.인데, 라틴어로 '자오선 이후의'라는 뜻인 'post meridiem(포스트 메리디엠)'을 줄인 표기에요.

최초의 시계

최초의 시계는 해시계였어요. 해가 떠서 지기까지의 시간을 12등분해서 '시'라고 불렀죠. 첫 번째 시는 해가 뜨면 시작했고 여섯 번째 시는 정오이며 해가 질 때 열두 번째 시가 끝났어요.

하지만 여름에는 겨울에 비해 해가 길기 때문에 해시계에서도 여름의 시는 겨울의 시보다 더 길었죠. 그리고 1300년경에는 하루를 24시로 등분하는 시계 장치가 만들어지기 시작했어요.

가장 단순한 해시계는 49쪽에서 볼 수 있는 것처럼 땅 위에 막대기를 꽂은 형태에요. 이런 해시계는 시계로 성능이 좋지는 않은데, 왜냐하면 그림자의 이동 경로로 나타나는 태양의 경로가 매일 달라지기 때문이죠. 그래서 그동안 1년 중 모든 날에 적용할 수 있는 온갖 생김새와 크기를 지닌 훨씬 더 멋진 해시계들이 만들어졌어요.

모든 해시계에는 **그노몬**과 **시반면**이 있어요. 그노몬은 시반면 위에 그림자를 드리우고, 태양이 하늘 위를 움직이면서 이 그림자도 따라서 움직이죠. 그노몬의 그림자는 시계의 바늘과 같고 시반면은 시계의 문자판과 같아요.

북반구에서는 그노몬의 그림자가 시반면 위에서 시계방향으로 움직여요. (그래서 다른 시계들의 시침과 분침도 같은 방향으로 움직이죠.) '시계방향'이라는 말은 원래 '해시계가 움직이는 방향'이었어요.

시간대

시간이 몇 시인지는 태양이 하늘의 어느 지점에 와 있는지에 달려 있죠. 그런데 이 위치도 여러분이 지구의 어느 지역에 살고 있는지에 따라 달라요. 옆 그림에서 나이로비에서는 태양이 머리 위를 똑바로 내리쬐기 때문에 정오이죠. 하지만 싱가포르에서는 오후 5시에요. 그리고 에콰도르의 키토는 오전 4시라서 아직 해가 뜨지도 않았답니다!

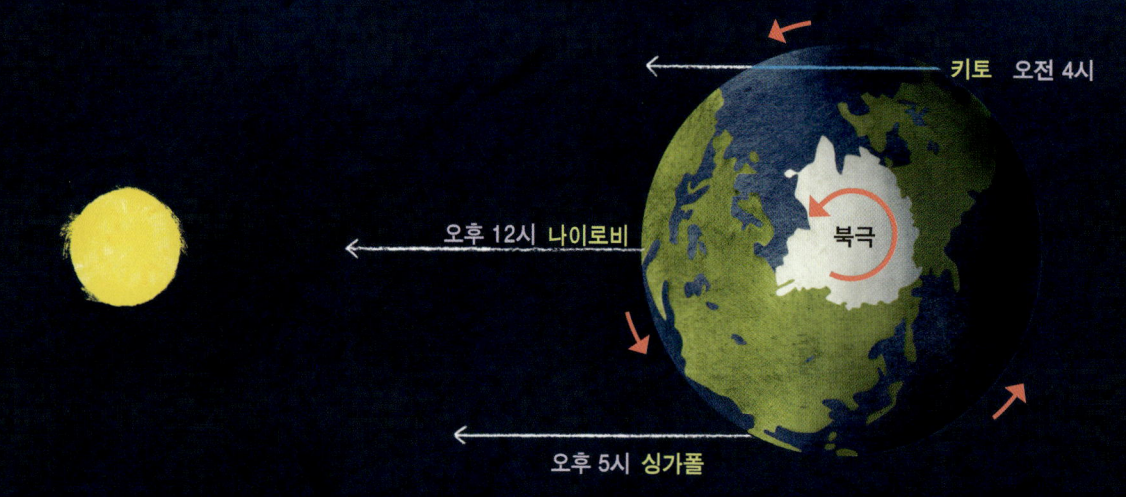

따라해 봐요
태양의 이동 경로 추적하기 ⭐

땅 위에 막대기를 꽂아 그림자를 드리우게 하면, 여러분은 머리 위에 뜬 태양을 직접 바라보지 않고도 시간을 알 수 있어요. 화창하고 맑은 날 이 방법을 통해 하루 종일 여러분만의 해시계를 지켜보세요.

준비물
- 남쪽으로 탁 트인 장소
- 돌멩이 여러 개와 분필
- 점토(없어도 됨)
- 구부러지지 않고 곧은 나무 막대기

1 아침 일찍 여러분이 해시계를 설치하기로 고른 장소에 나가 땅 위에 막대기를 똑바로 꽂아요. 여러분이 지붕이나 도로 위에 있다면 점토를 사용해 막대기를 고정시키면 돼요.

2 태양이 땅 위에 막대기의 그림자를 드리울 거예요. 그러면 그림자의 끝을 돌멩이나 분필로 표시해요.

3 매 시마다 그림자 끝을 계속 표시해 나가요.

막대기의 그림자는 태양이 하늘에서 어느 지점에 있는지 알려 줘요. 예컨대 태양이 하늘 높이 떠 있다면 그림자는 짧고, 태양이 낮게 떠 있다면 그림자가 길어요. 그림자의 끝은 태양의 위치와 정반대 방향에 자리해요.

여러분은 이 활동을 1년 중 다양한 시점에 해볼 수 있어요. 그러면 태양의 이동 경로가 달라지기 때문에 그림자도 조금씩 달라지죠. 하지만 언제나 하루 중 가장 짧은 그림자는 북쪽을 가리킬 거예요.

태양을 활용해서 북쪽 찾기

오전 11시에서 오후 1시 사이에(서머타임 기간이라면 정오와 오후 2시 사이에) 10분마다 한 번씩 막대기의 그림자 끝을 표시해요. 그런 다음 그림자의 길이가 가장 짧은 시점이 언제인지 알아봐요. 이때의 그림자 끝 지점에서 막대기까지 선을 죽 그어요. 이 선은 북쪽을 가리킨답니다!

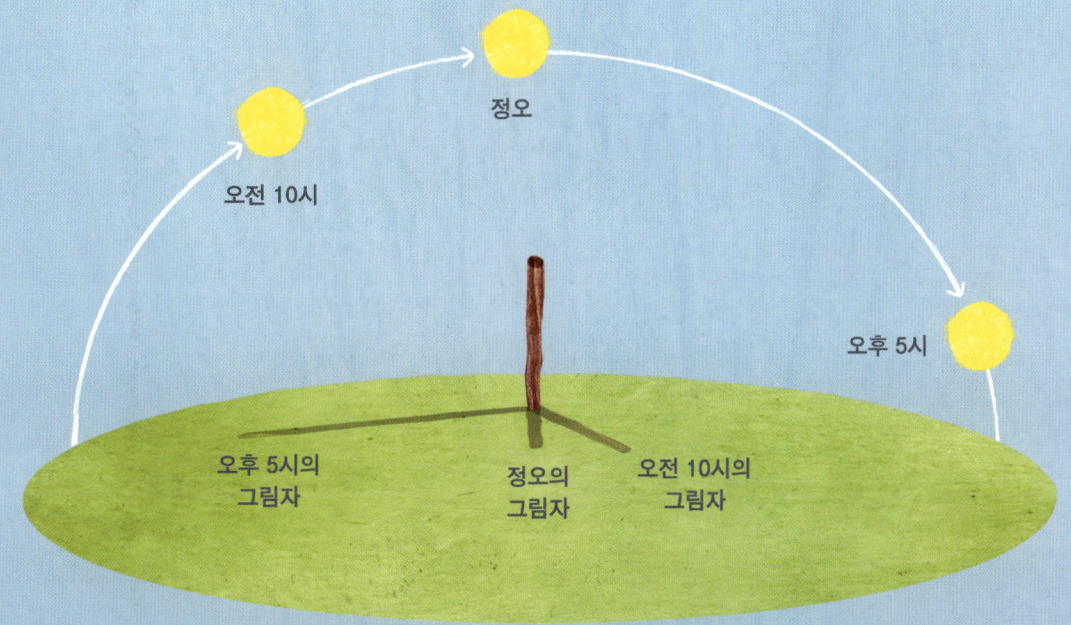

남반구에서 태양의 경로 추적하기

앞의 설명에서 '북'과 '남'을 반대로 바꾸면 돼요. 남반구에서는 태양이 북쪽 하늘에서 가장 높이 뜨고, 이때 그림자의 끄트머리는 정남 방향을 가리키죠.

태양을 자세히 들여다보기

지구의 하늘에서 가장 가깝고 가장 밝은 태양에 대해 자세히 알아보면, 다른 별에 대해서도 많은 것을 알게 되죠.

채층
태양의 위쪽 대기. 일식 때나 특별한 망원경 필터를 통해서만 볼 수 있어요.

핵
태양의 내부로 핵융합 반응이 일어나죠.

코로나
태양 대기의 가장 바깥에 있는 얇은 층. 일식 때나 특별한 망원경 필터를 통해서만 볼 수 있어요.

광구
우리가 매일 보는 태양의 표면

홍염
거대한 기체의 소용돌이

흑점
광구에서 온도가 낮은 구역
(51쪽 참고)

지구

태양의 폭풍

흑점은 태양의 표면에 가끔씩 나타나는 어두운 반점을 말해요. 태양 표면에서 자기 폭풍에 의해 기체가 갇혀 있는 곳에서 생기죠. 그래서 흑점에서는 온도가 낮아져요. 흑점은 최대 크기가 지구의 10배에 이르기도 하고 며칠에서 한 달까지도 사라지지 않고 지속되죠.
지구와 마찬가지로 태양도 스스로 회전을 하기 때문에 흑점은 태양의 표면을 따라 이동하는 것처럼 보여요. 천문학자들은 흑점을 관찰해 태양의 적도가 극지방에 비해 빠르게 회전한다는 사실을 발견했답니다!

흑점

약한 활동 극소기에는 며칠 동안 단 하나의 흑점도 볼 수 없어요. 극대기가 끝나고 5년 반이 지나면 극소기가 오죠.

언제 볼 수 있을까?

태양의 흑점과 자기 활동은 11년의 주기를 가져요. 자기 활동이 가장 강한 기간인 활동 극대기에는 한 번에 수십 개의 흑점이 나타나죠. 반면에 자기 활동이 가장

오로라를 볼 시간!

태양의 활동 극대기는 오로라가 가장 잘 관찰되는 시기이기도 해요. 태양풍이 강하고 코로나 질량 분출도 많아지거든요. 이 가스 덩어리가 태양의 표면에서 폭발하면서 태양풍과 함께 멀리 퍼져요.

태양 발전소

태양은 73퍼센트가 수소이고 25퍼센트가 헬륨 기체이며, 나머지 2퍼센트가 다른 성분으로 이뤄져 있어요. 태양 내부의 모든 원자는 이온 상태에요. 모든 전자가 핵에서 풀려나 자유롭죠.
태양의 중심부에서는 빠르게 날아다니는 수소 핵이 서로 부딪쳐요. 그러면 여러 단계의 과정을 거쳐 6개의 수소 핵이 융합해서 하나의 헬륨과 2개의 수소 핵, 그리고 약간의 에너지(빛과 열)를 만들어 내죠. 이것을 핵융합이라고 해요. 이 융합된 에너지가 태양을 비롯한 다른 별들을 빛나게 한답니다.

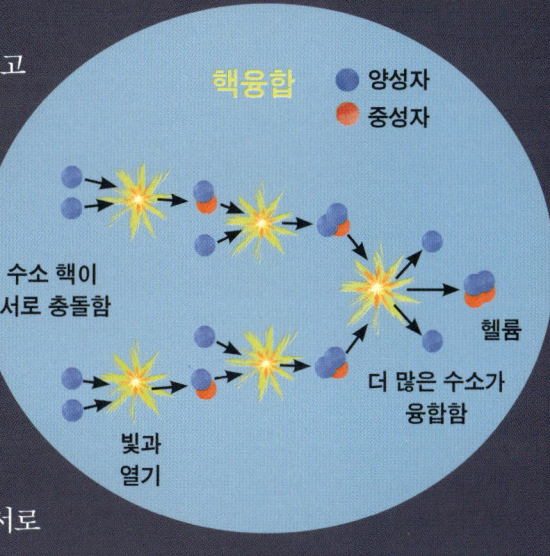

핵융합 · 양성자 · 중성자
수소 핵이 서로 충돌함
빛과 열기
헬륨
더 많은 수소가 융합함

뜨거운 물질들

태양의 지름은 139만 1,000킬로미터에요. 지구보다 109배나 더 크죠! 그리고 태양의 질량, 다시 말해 태양 속에 든 물질의 양은 지구의 질량보다 33만 3,000배나 더 큰 $2×10^{30}$킬로그램이에요(2 뒤에 0이 30개 붙는 숫자죠). 이런 태양은 앞으로 100억 년 동안 지금처럼 지속되기 충분한 수소 연료를 가졌어요.
그리고 태양의 중심부는 놀랄 만큼 뜨거워요. 섭씨 1,500만 도죠. 태양의 표면인 광구는 온도가 5,500도밖에 안 되지만요.
광구에는 흑점이라고 불리는 구역이 있어요. 이곳은 4,000도로 주변에 비해 온도가 보다 더 낮죠.

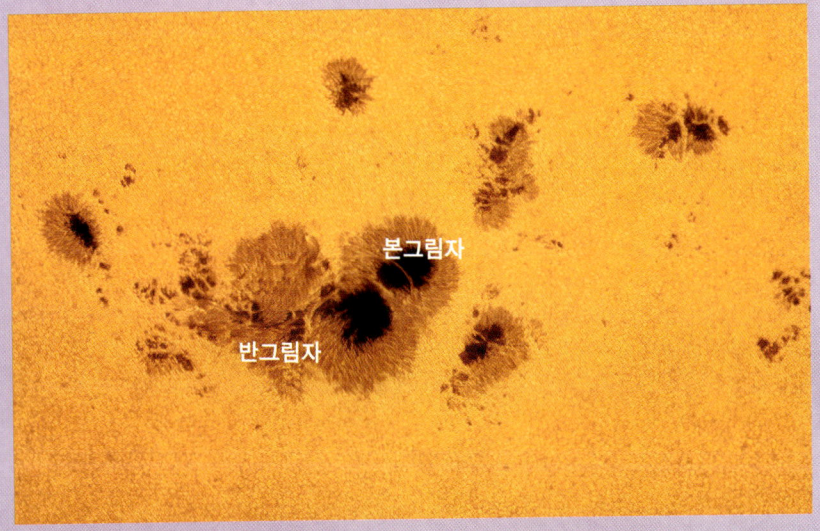

본그림자
반그림자

이 확대 사진에서 볼 수 있듯이 흑점은 무척 복잡한 구조를 지녔어요. 흑점은 하나하나 다 다르죠.

태양은 어떻게 형성되었을까?

우리의 태양은 다른 모든 별들과 마찬가지로 회전하는 거대한 기체(대부분은 수소)와 먼지 덩어리인 성운에서 태어났어요. 성운의 안쪽에는 밀도가 더 높은 기체가 있죠. 그러면 **중력**에 의해 이 기체가 무너져 수축되면서 **원시별**(초기 단계의 별)이 돼요. 원시별의 밀도가 높아지면서 질량이 커지면 조금씩 열기를 내뿜으며 빛나기 시작해요. 중심부가 충분히 뜨거워지면 **핵융합** 반응이 시작되어 수소가 헬륨으로 바뀌죠. 원시별에서 진짜 별이 되는 거예요!

이렇듯 수소 핵융합에 의해 에너지를 제공받는 별들을 **주계열성**이라고 해요. 우리 태양도 그 가운데 하나죠. 별의 일생 중 대부분의 시간이 이 시기에 해당해요.

주계열성은 안정적이죠. 중력이 별을 안쪽으로 짓누르려 하지만 내부의 핵융합 반응 덕분에 반대로 부풀어 오르는 힘이 생겨요. 이 두 힘이 완벽하게 균형을 이뤄 서로 상쇄되죠.

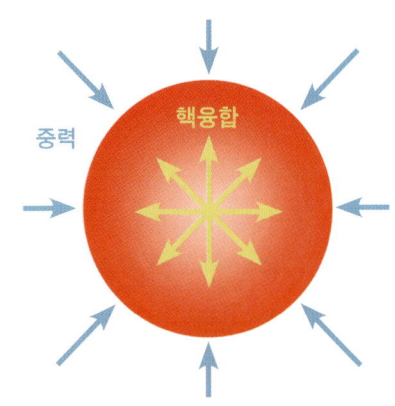

원시 태양이 형성되었을 때는 회전하는 기체 구름이 납작해지면서 태양을 둘러싼 원반으로 여러 물질들을 내던졌어요. 이 물질들이 나중에 여러 행성이 되었죠(82쪽 참고).

지구의 핵융합

과학자들은 핵융합 반응을 활용하는 발전소를 짓고자 애쓰고 있어요. 온실 기체를 내뿜지 않는 에너지원이거든요. 하지만 중력 대신 아주 강한 자기장을 활용해 마치 태양 한가운데에서 발견되는 밀도까지 수소 기체를 쥐어짜죠. 프랑스에서 건설 중인 거대한 핵융합 발전소인 ITER(국제 핵융합 실험로)을 설계한 사람들은 2035년이면 핵융합 에너지를 대규모로 생산할 수 있으리라 생각한답니다.

별이 태어나는 장소인 독수리성운이에요. 별이 형성되는 성운 가운데 가장 유명해요. '창조의 기둥'이라는 별명이 있죠.

성운은 생김새와 크기가 다양해요. 이 사진은 오리온성운이죠.

태양은 어떻게 태어났을까

45억 년 전

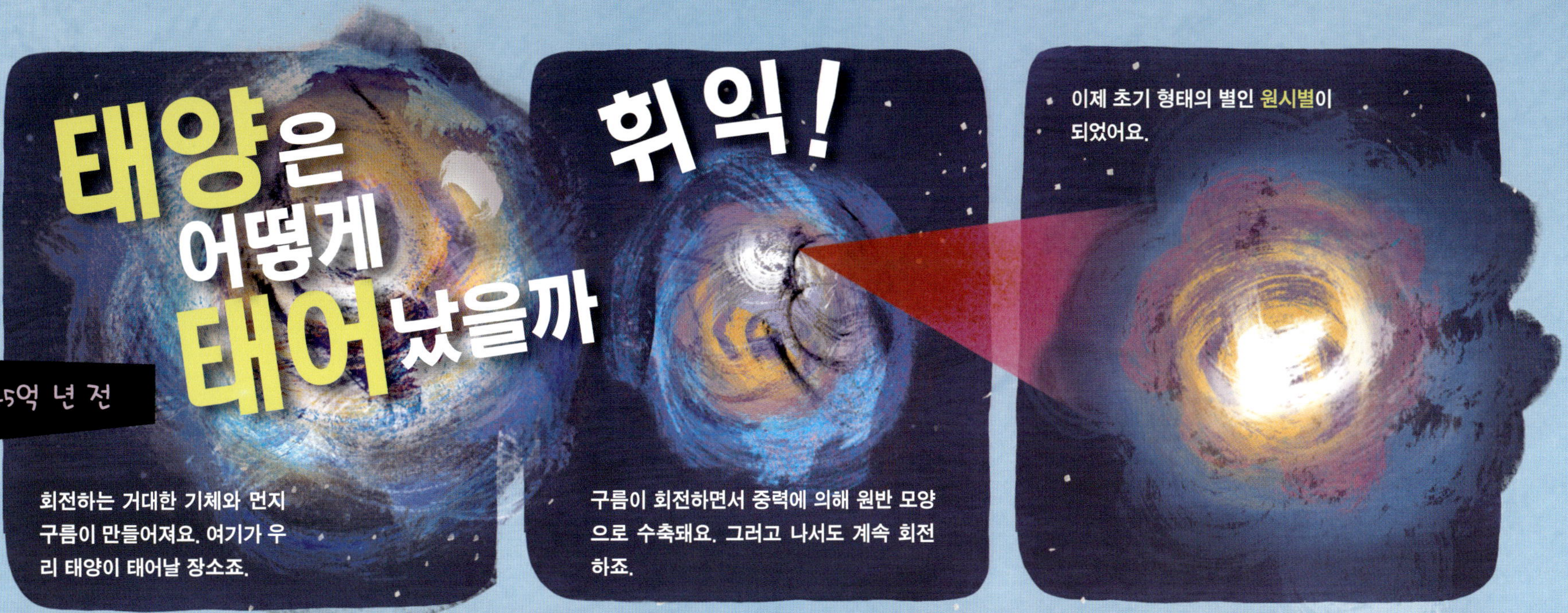

회전하는 거대한 기체와 먼지 구름이 만들어져요. 여기가 우리 태양이 태어날 장소죠.

휘익!

구름이 회전하면서 중력에 의해 원반 모양으로 수축돼요. 그러고 나서도 계속 회전하죠.

이제 초기 형태의 별인 **원시별**이 되었어요.

밀도가 높은 원반의 한가운데가 붕괴하면서 온도가 높아져요.

이 열기가 중력을 반대 방향으로 밀치면서 붕괴가 멈추죠.

우리의 태양이 탄생했어요.

수백만 년 뒤

쩍! 펑! 붕!

시간이 지나면서 태양 주변을 도는 물질들이 한데 뭉쳐서 암석 덩어리가 되고, 작은 행성인 **미행성**이 되었다가 마침내 **행성**이 돼요. 이 과정에 대해서는 4장에서 보다 자세히 살필 거예요.

태양 53

특별한 천문 현상
일식

달이 태양과 지구 사이에 와서 태양을 완전히 가로막을 때 일식이 일어나요.

일식이 일어나는 동안 달의 그림자가 지구 위로 드리우죠. 그림자의 어두운 부분은 본그림자라 하고, 연하고 흐린 부분을 반그림자라 해요. 본그림자 안에 들어온 사람들은 개기일식을 볼 수 있죠. 반그림자 안에 들어온 사람들은 부분일식을 관찰할 수 있고요. 그리고 달의 그림자가 지나치는 경로 바깥에 있는 사람들은 일식을 전혀 볼 수 없답니다!

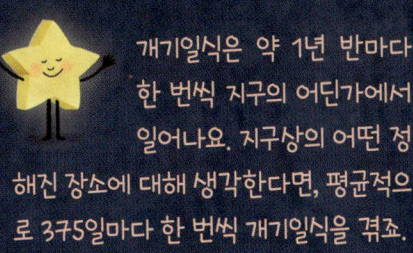
개기일식은 약 1년 반마다 한 번씩 지구의 어딘가에서 일어나요. 지구상의 어떤 정해진 장소에 대해 생각한다면, 평균적으로 375일마다 한 번씩 개기일식을 겪죠.

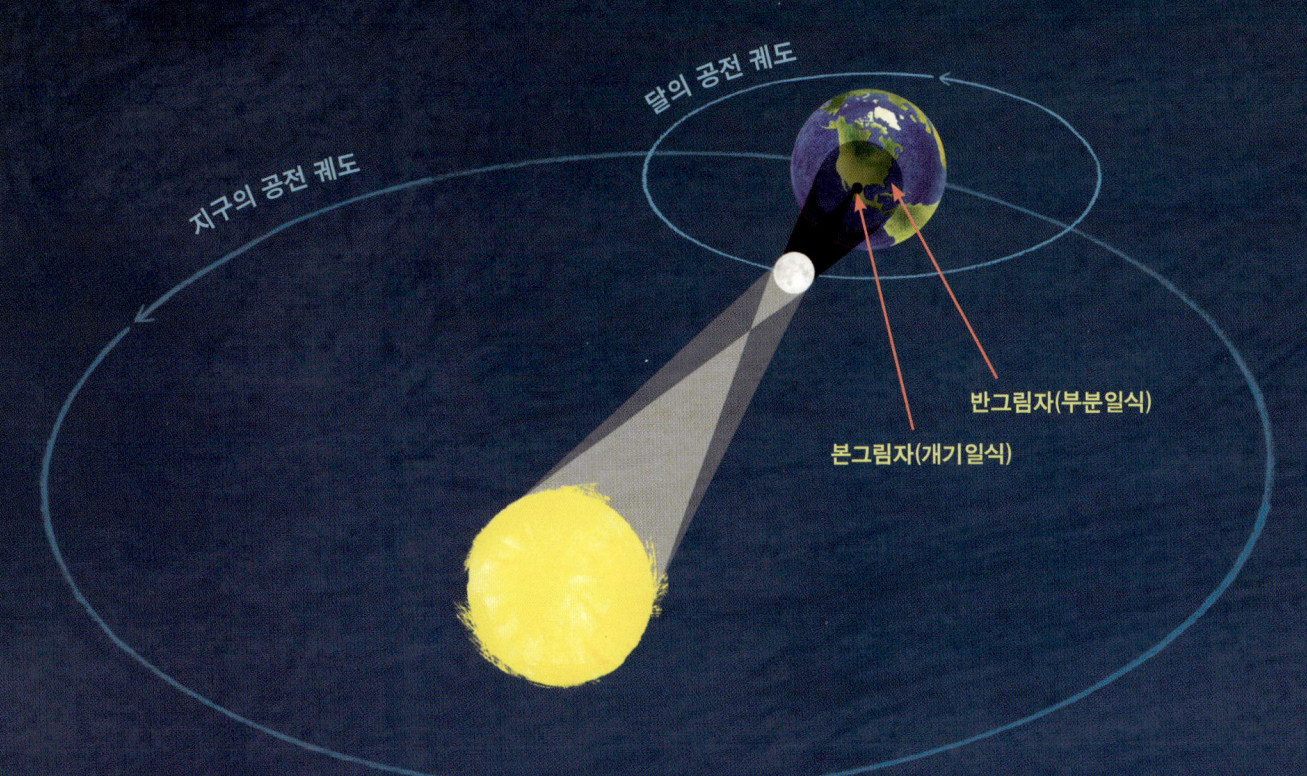

일식이 일어나는 단계

첫 번째 접촉 — 두 번째 접촉 — 개기일식 — 세 번째 접촉 — 네 번째 접촉

일식 관찰용 안경 쓰기 (첫 번째~두 번째 접촉 구간, 세 번째~네 번째 접촉 구간)

첫 번째 접촉 달이 태양의 가장자리와 접촉하면서 부분일식이 시작돼요.

무엇이 보이나요?
- 일식 관찰용 안경을 끼고 바라보면 둥근 태양이 작게 한입 베어 먹은 것처럼 보여요.
- 달이 태양을 점점 더 많이 가릴수록 주변이 어둡고 추워져요.
- 개기일식이 일어나기 몇 분 전후로 **음영대**를 볼 수 있어요. 빛과 그림자의 구불구불한 줄무늬가 땅에서 빠르게 움직이는 현상이에요. 얇은 초승달 모양의 태양에서 온 빛이 지구의 물결 같은 대기와 만나면서 발생하죠. 하얀색 종이나 벽, 벽보판 위에서 가장 잘 관찰돼요.
- 만약 여러분이 지평선이 잘 보이는 탁 트인 장소에 있다면 달의 그림자가 지면을 따라 여러분을 향해 달려들며 일식이 시작되고, 일식이 끝난 뒤에는 달그림자가 지면을 따라 멀어지는 모습을 볼 수 있을 거예요.

두 번째 접촉 달이 태양을 완전히 뒤덮는 개기일식이 시작돼요. 여러분이 일식 관찰용 안경 때문에 태양을 제대로 볼 수 없다면, 이 시기만큼은 안경을 벗어도 괜찮아요. 이 기간이 끝나면 얼른 다시 써야 하지만요.

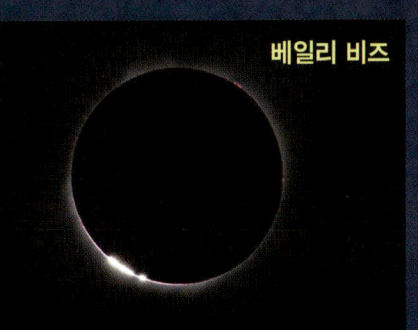
베일리 비즈

다이아몬드 반지 효과

코로나

무엇이 보이나요?
- 개기일식 직전에는 **다이아몬드 반지 효과**와 베일리 비즈 현상을 볼 수 있어요. 달의 산봉우리 사이로 마지막 남은 햇빛이 살짝 빛나는 현상이죠.
- 유령같이 어른거리는 **코로나**(50쪽 참고)는 달의 검은색 원반 주변으로 나타나는 빛이에요. 일식 때마다 각각 모양이 달라지죠.
- 채층이라고 불리는 태양의 위쪽 대기가 달을 둘러싸며 희미한 붉은색 고리처럼 보여요.
- 태양 표면에서 기체가 거대한 호를 그리며 분출되는데 이것을 **홍염**이라고 해요. 일식 때면 달의 가장자리로 붉은색 고리가 뻗어 나오는 것처럼 보이죠.
- 어두운 밤하늘에 별과 행성들이 밝게 빛나요.
- 지평선에서 빙 둘러 전체적으로 일몰을 볼 수 있어요. (여러분이 있는 주변이 어둡기 때문에 다른 곳은 어디든 밝아 보이죠.)
- 새들이 울지 않고 조용해지는 것처럼 동물들의 행동이 평소와 달라져요. 개기일식이 일어나는 동안에는 동물들이 밤이라고 착각하기 때문이죠!

세 번째 접촉 개기일식이 끝나요. 이제 눈을 보호하기 위해 일식 관찰용 안경을 써야 해요.

무엇이 보이나요?
- 태양의 가장자리가 조금씩 모습을 드러내죠. 그림자에 가려져 빛을 잃었던 태양이 갑자기 다시 환하게 빛나요.
- 베일리 비즈나 다이아몬드 반지 효과가 다시 나타나요. 이번에는 태양의 반대쪽 가장자리에서 관찰되죠.
- 달이 멀어지면서 초승달 모양의 태양이 다시 점점 커지는 모습을 관찰해 봐요.

네 번째 접촉 부분일식이 끝나요.

무엇이 보이나요?
- 태양 전체가 보여요.
- 새들을 비롯한 여러 동물들이 다시 평소대로 행동하기 시작해요.

일식과 월식의 공통점과 차이점이 뭘까?

일식은 달이 삭일 때 일어나요. 하지만 월식과 마찬가지로 매달 발생하는 현상은 아니죠. 일식과 월식은 보통 2주 간격으로 나타나요.

그림자가 치는 장난

일식이 일어나는 동안 지구에 드리운 달의 그림자는 월식이 일어나는 동안 지구가 달에 드리우는 커다란 그림자보다 훨씬 작아요. 월식이 일어날 때는 달 전체가 그림자 안에 들어가죠. 지구상에서 그 시간에 달을 볼 수 있는 사람이면 누구나 월식을 관찰할 수 있어요. 이 월식은 1시간 조금 넘게 지속되죠.
하지만 일식이 일어날 때는 지구의 아주 작은 일부만 달의 그림자 속에 들어가요. 이 그림자가 이동하는 경로 안에 있는 사람들만 개기일식을 볼 수 있죠. 게다가 그림자가 무척 빠르게 이동하기 때문에 일식은 기껏해야 7분 정도만 지속돼요.

2017년 8월 개기일식이 일어나는 동안 지표면에 드리운 본그림자와 반그림자를 기상위성으로 포착해 촬영한 사진이에요.

어째서 해를 똑바로 보면 안 될까?

해를 똑바로 바라보는 게 위험한 이유는 우리 눈의 망막에는 신경이 없어서 아픔을 느끼지 못하기 때문이에요. 그래서 여러분이 알지도 못하는 사이에 눈에 손상을 입을 수 있죠. 게다가 일식이 일어나는 동안에는 햇빛이 더욱 더 위험하다고 해요. 사실은 언제나 해를 똑바로 바라보면 눈에 아주 위험하지만요. 물론 일식이 일어나는 동안 그 광경을 직접 보고 싶을 거예요. 하지만 **일식이 일어나는 중이든, 그렇지 않든 절대 태양을 똑바로 쳐다보지 마세요.**

태양을 안전하게 관찰하는 방법

태양을 안전하게 관찰하는 방법은 일식 관찰용 안경을 쓰는 거예요. 이 안경에는 태양에서 오는 빛을 99.999퍼센트 차단하는 특수한 필터가 들어 있어요. 이 안경을 쓰면 주변은 안 보이고 태양만 보이게 되죠.
감자 칩 봉지나 DVD, 연기를 쐬어 까맣게 만든 안경 등을 통해 태양을 바라보는 건 결코 안전하지 않답니다. 인터넷에서 뭐라고 하든 쉽게 믿지 마세요.
품질이 좋은 일식 관찰용 안경을 사서 사용하는 게 좋아요. 사용하기 전에는 관찰용 안경을 실내의 환한 불빛 아래 놓고 긁힌 자국이나 구멍이 없는지 확인해야 해요. 흠집이 조금이라도 있다면 그냥 내다 버리고 새 것을 구하세요.

움직이는 표적

지구 표면의 일부에서만 관찰 가능한 일식과 달리, 월식은 지구 표면에서 달과 같은 방향에 있는 사람이면 누구든 볼 수 있어요.

달은 때로는 우리 지구와 가깝지만 때로는 멀어지기 때문에(30쪽 참고), 태양을 완전히 가리기에는 너무 크기가 작은 경우도 종종 생겨요. 이럴 때 **금환일식**이 발생하죠.

2021년부터 2041년까지 일식이 일어나는 장소들. 노란색 경로는 개기일식을 볼 수 있는 장소를 나타내요. 주황색 경로는 혼성일식(일부는 개기일식, 일부는 금환일식)을 볼 수 있는 장소죠.

일식을 관찰할 때 무엇을 준비할까

일식이 신나는 이유는 드물게 나타나는 현상이어서만은 아니에요. 그보다는 전 세계 사람들이 같은 것을 보고 즐길 기회가 되기 때문이죠. 만약 여러분이 이번에 처음으로 일식을 관찰한다면 너무 값비싼 도구를 준비하지 않아도 돼요. 짧은 시간 동안 일식을 충분히 관찰하는 게 낫지 카메라나 쌍안경으로 뭔가를 찍거나 보려고 할 필요는 없죠.

다음은 여러분이 꼭 챙겨야 할 준비물이에요.

✳ 일식 관찰용 안경(책 맨 뒤 참고자료를 볼 것)

다음은 있으면 유용한 물건들이에요.

✳ 영사기(58쪽 참고)
✳ 음영대를 관찰하는 데 필요한 흰 종이나 벽보판 조각(55쪽 참고)
✳ 간식과 물
✳ 햇빛 차단제와 모자
✳ 시계와 휴대폰
✳ 일식이 일어나는 시간 도표
✳ 천문학 노트와 연필
✳ 카메라
✳ 눈과 렌즈를 보호하기 위한 태양 필터가 장착된 쌍안경

초승달 모양의 해를 볼 거라고는 생각도 못 해봤는걸.

태양 57

따라해 봐요
영사기 만들기 ★★

영사기를 준비해 이 장치에 맺힌 상을 통해 일식을 관찰하면 좋아요.

준비물
- 가위
- 아무 것도 없는 흰 종이
- 테이프
- 뚜껑 있는 신발 상자
- 알루미늄 포일
- 핀 또는 압정

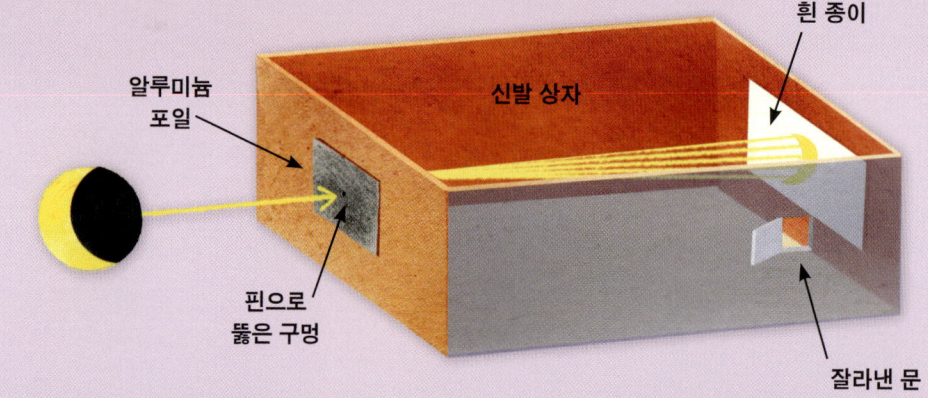

1 흰 종이를 직사각형으로 자르고 신발 상자 안쪽의 한쪽 끝에 테이프로 붙여요.

2 신발 상자의 반대쪽 면은 가로, 세로 각각 2.5센티미터인 작은 정사각형 모양으로 가운데를 잘라요.

3 포일을 가로, 세로 5센티미터 크기로 잘라요. 그리고 포일의 한가운데를 핀으로 뚫어 작게 구멍을 내요.

4 포일을 신발 상자의 정사각형 구멍 위에 테이프로 붙여요.

5 신발 상자 안쪽에 그림처럼 작은 문을 잘라서 만들어요. 흰 종이라는 화면 위에 맺힌 상을 엿보기 위해서죠.

6 뚜껑을 덮어요.

영사기를 이용하려면, 태양을 등에 지고 서서 신발 상자를 어깨 위에 올려요. 그리고 바늘구멍이 태양과 마주 보도록 해요. 바늘구멍을 통해 태양을 관찰하는 게 아니라는 걸 기억해요! 그리고 상자에 뚫은 문을 통해 안쪽을 엿봐요. 상자를 이리저리 돌려가며 흰 종이 화면 위에 맺힌 태양의 상을 관찰해요.

영사기를 만드는 데는 어떤 상자든 괜찮아요. 포스터를 말아서 넣는 지관통도 활용할 수 있죠. 상자가 길면 길수록 태양의 상은 보다 커져요. 상자의 안쪽이 깨끗하고 어두운지 확인하세요. 이 영사기를 통해 일식을 관찰할 수도 있고 심지어는 아주 큰 흑점도 볼 수 있답니다. 상이 너무 작으면 태양을 자세한 곳까지 샅샅이 관찰하지 못하겠지만요.

나무 그늘 아래 앉아 있다 보면 나뭇잎의 그림자 사이로 땅 위에 햇볕이 작은 원 모양으로 비치곤 해요. 일식이 일어나는 동안 나무 그늘 아래 앉아 있으면 어떤 일이 벌어질까요? 사진처럼 원 대신 초승달 모양의 빛 얼룩들이 생길 거예요! 나뭇잎과 나뭇잎 사이의 공간이 영사기의 바늘구멍 같은 역할을 해서 일식이 벌어지는 태양의 상을 땅 위에 맺는 거예요.

단순하고 작은 바늘구멍 영사기

2개의 종이 접시로 훨씬 단순한 바늘구멍 영사기를 만들 수 있어요. 접시 하나에 작은 구멍을 뚫고 다른 접시 위로 들어 올려요. 그러면 바늘구멍을 통해 아래쪽 종이 접시에 태양의 상이 맺힐 거예요.

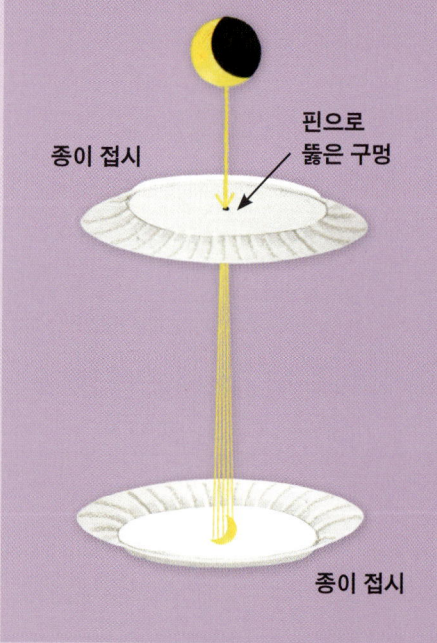

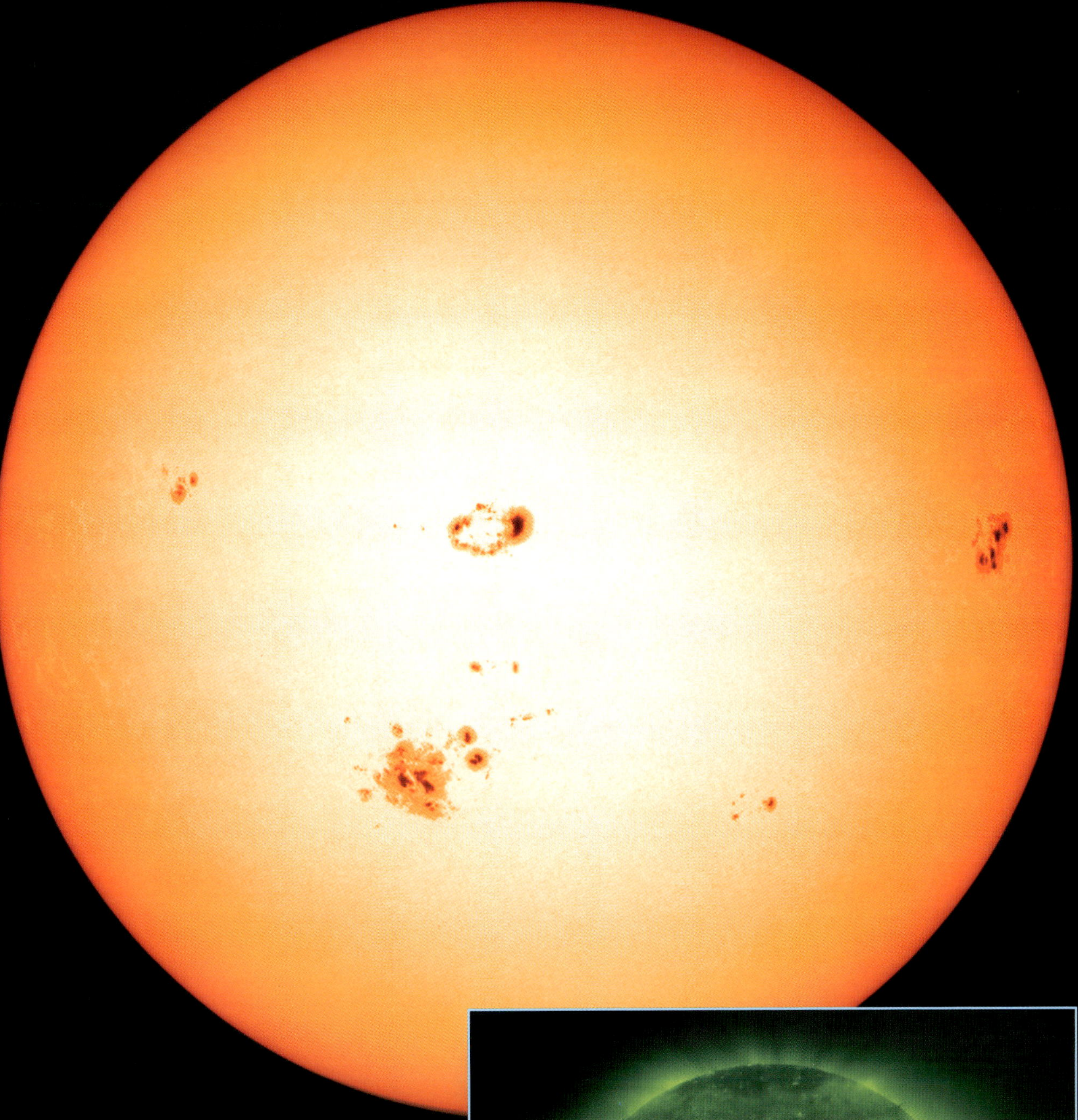

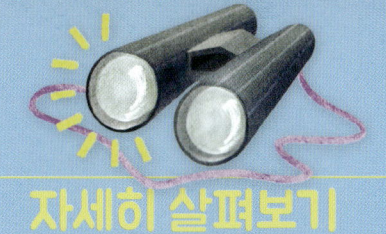

자세히 살펴보기

태양

쌍안경은 여러분의 눈보다 많은 빛을 받아들여요. 그렇기 때문에 쌍안경으로 태양을 관찰하는 건 맨눈으로 직접 관찰하는 것보다도 더욱 위험하죠.

이 문제를 해결하려면 일식 관찰용 안경을 샀던 가게에서 태양 필터를 같이 구입하는 게 좋아요. 필터는 여러분의 쌍안경에 크기가 딱 맞는 것을 골라야 떨어지지 않아요. 구입하기 전에 여러분이 고른 필터가 태양 관측용인지 다시 확인하세요. 여러분이 직접 필터를 만드는 건 곤란해요.

태양 필터는 항상 쌍안경의 접안렌즈가 아니라 대물렌즈에 장착해야 해요(24쪽 참고). 그렇게 하지 않으면 햇빛이 쌍안경 내부의 렌즈와 여러분의 눈에 손상을 입힐 수 있어요. 쌍안경에 태양 필터를 설치하기 전에는 관찰용 안경과 마찬가지로 필터에 구멍이나 긁힌 자국이 없나 다시 확인해 보세요.

쌍안경에 태양 필터를 설치하면 흑점을 관찰하는 데도 도움이 돼요. 태양을 관찰하러 나서기 전에 인터넷에서 태양의 사진을 한번 찾아보세요. 어떤 흑점을 관찰할 수 있는지 미리 알아두는 게 좋으니까요. 그리고 천문학 노트에 며칠 간격으로 태양 관측 결과를 그림으로 남겨요. 흑점이 태양의 표면을 따라 이동한다는 사실을 알게 될 거예요.

소호(SOHO) 태양 관측 위성에서 찍은 사진에 커다란 태양의 흑점이 보여요. 위쪽 사진은 위성이 태양 주위의 궤도를 돌다가 찍은 사진이에요. 그리고 5시간 뒤 소호 위성은 아래와 같은 엑스선 사진을 찍었어요. 여기서는 흑점에서 폭발하는 거대한 플레어가 보여요.

태양 59

4

행성들

우리 지구는 태양계의 일부에요.
태양계는 행성과 소행성, 혜성, 먼지 등으로 구성되죠.
한가운데에는 태양이 있어 이 모든 천체를
자기를 중심으로 공전하게 하고요.
오늘날 알려진 바에 따르면 대부분의
별(항성)들은 행성을 거느리고 있어요.
하지만 많은 행성들 가운데 생명체가
사는 행성은 오직 한 곳뿐이죠.
바로 우리들의 고향, 지구에요.

하늘에 뜬 지구의 자매 행성들

행성은 태양의 빛을 반사해서 빛을 내요. 행성과 달리 별들은 스스로 빛을 내죠. 우리 태양계에서 맨눈으로 볼 수 있는 행성은 5개예요. 수성, 금성, 화성, 목성, 토성이죠.

행성은 태양이나 달, 별이 그런 것처럼 떴다가 져요. 지구와 다른 행성들이 태양 주위를 도는 동안 행성은 하늘에서 위치를 바꾸죠.

행성들은 달과 마찬가지로 뜨고 지는 시간이 매일 바뀌어요. 행성들은 자기만의 공전 궤도가 있고 하늘에서 보이는 움직임도 각기 다르죠. 모든 행성은

황도 근처에 머물고(62쪽 참고) 보통은 매일 조금씩 뜨는 시간이 빨라져요. 행성이 얼마나 빨리 뜨는지는 지구와의 거리가 어느 정도인지, 각 행성이 태양 주변을 도는 공전 궤도에서 어느 위치에 있는지에 따라 달라요.

왼쪽의 희미한 성단은 플레이아데스성단이에요. 하지만 북반구에서는 위아래가 뒤집힌 모습으로 관찰될 거예요. 이 사진은 남반구에서 찍었거든요.

플레이아데스 목성 금성 알데바란

우리 태양계는 규모가 꽤 커요. 태양에서 지구까지 빛이 도달하는 데(가능한 가장 빠른 속도) 8분이 걸리고, 태양에서 목성까지는 42분, 태양에서 명왕성까지는 9시간이 걸리죠. 그리고 가장 멀리 떨어진 혜성까지 닿는 데는 1년 넘게 걸려요.

행성들 61

별과 행성은 어떻게 다를까?

지구의 관찰자의 눈에 행성은 밝은 별과 비슷해 보일 거예요. 하지만 행성과 별을 구별하는 방법이 있죠.

어디에 떴는가?

별은 하늘의 어디에나 떠요. 모든 별은 동쪽에서 서쪽으로 이동하지만(실제로는 지구가 서쪽에서 동쪽으로 도는 것이지만) 경로는 제각각이죠. 반면에 행성은 하늘에서 우리 태양계를 나타내는 선인 황도 위에서만 모습을 드러내요. 태양과 달도 황도 위에 있기 때문에 일식 때 만나게 되죠! 태양계의 행성들은(지구를 포함한) 전부 거의 같은 평면 위에서 태양 주위를 돌아요. 달은 그 평면 위를 지나면서 동시에 지구 주위를 돌죠.

달과 태양, 그리고 나

이 평면을 상상해 보려면, 밖에 나가 우리 태양계의 3개 천체를 찾아 봐요. 일단 달이 첫 번째 천체예요. 달의 밝은 면은 태양이라는 두 번째 천체를 향하고 있죠. 그리고 지구라는 행성 위에 서 있는 여러분이 세 번째예요. 이제 지구와 달, 태양이 하나의 같은 평면 위에 있다고 상상해 봐요. 마치 쟁반 위에 올린 구슬처럼 말이죠. 다른 모든 태양계의 행성들 역시 이 평면 위에 있답니다. 황도란 여러분을 중심으로 이 평면의 가장자리를 둥글게 그린 가상의 선이죠.

만약 여러분이 북반구에 산다면 모든 행성들은 태양과 달이 그렇듯 하늘의 남쪽 절반을 따라 이동할 거예요. 반대로 남반구라면 하늘의 북쪽 절반에서 행성들을 찾을 수 있죠.

얼마나 밝은가?

행성은 밤하늘에서 가장 밝은 천체들에 포함돼요.

색이 화려한가?

화성은 붉은색이고 토성은 노란색을 띠죠. (불행히도 나머지 다른 행성들은 흰색이지만요!)

이 그림은 황도를 상상하는 쉬운 방법을 나타내요. 태양과 달, 여러분이 전부 같은 평면 위에 있고 그 평면이 태양계와 연결되어 있다고 생각해요.

천체가 반짝이는가?

별이 반짝이는 이유는 별빛이 지구의 대기권을 통과해 우리에게 닿기 때문이죠. 대기는 별빛을 우리 눈에서 가까워지게, 또는 멀어지게 굴절시키기 때문에 마치 별이 반짝반짝 밝기를 바꾸는 것처럼 보이죠. 게다가 별이 우리 눈에 관찰되는 위치는 실제 위치와는 꽤 떨어져 있답니다.

별은 지구에서 무척 멀리 떨어져 있기 때문에 빛을 내는 조그만 점처럼 보여요. 하지만 행성은 별보다는 지구와 훨씬 더 가까워서 별보다 더 커 보이죠. 행성에서 오는 빛이 지구의 대기를 지날 때도 굴절되기는 하지만 대부분의 빛이 우리 눈에 들어오기 때문에 반짝거리는 것처럼 보이지 않아요. 다만 행성이 지평선에 가까이 있다면 이 행성에서 오는 빛은 우리 눈에 들어오기까지 대기를 더 많이 통과해야 하기 때문에 반짝거릴 수도 있답니다.

머리 위를 올려다보자!

만약 여러분이 행성으로 보이는 천체를 발견했다면 별자리표에(또는 5장에서 설명하는 각 계절의 천체 지도에) 있나 한번 찾아보세요. 그 결과 천체가 어딘가 별자리 안에 속하지 않는다면 아마 행성일 거예요. 행성은 태양 주변을 돌 때 하나의 별자리에서 다른 별자리로 이동하는 것처럼 보여요. 하지만 별은 각자 속한 별자리에 머물죠.
그러니 황도 가까이에 있는 반짝거리지 않는 밝은 천체가 보인다면 그건 아마 행성일 가능성이 높아요. 이 책의 별자리표에는 황도를 표시했으니 여러분도 별자리들 사이에서 황도를 찾을 수 있을 거예요.

내행성과 외행성

금성과 수성은 태양과 지구 사이에 있어요. 이런 행성들을 **내행성**이라고 해요. 하늘에서 이들 행성은 태양 가까이에서 찾을 수 있으며 새벽에 태양보다 조금 일찍 뜨거나 저녁에 태양보다 조금 늦게 져요. 몇 시간 동안만 볼 수 있죠.

지구와 태양 사이를 통과하는 행성은 금성과 수성뿐이에요. 자오선 통과는 일식과 비슷하지만 태양 전체가 가로막히지는 않죠. 그래도 일식과 마찬가지로 이 현상은 조건이 맞아 떨어질 때만 일어나요. 다음 번 금성의 자오선 통과는 2117년에나 볼 수 있을 전망이랍니다!

금성과 수성은 해가 뜨기 직전이나 해가 진 직후에 볼 수 있어요. 시간이 적당하고 하늘이 맑다면 하늘에서 수성과 금성 말고도 다른 행성이나 어쩌면 달이 함께 보일 거예요.

그리고 지구보다 태양과 더 멀리 떨어져 있는 화성, 목성, 토성, 천왕성, 해왕성을 **외행성**이라고 해요. 이들 행성은 황도를 따라 어디서나 모습을 드러낼 수 있죠.

1년 내내 행성을 관찰해 보면 황도를 따라 위치를 바꾸거나 이리저리 움직인다는 사실을 알게 될 거예요. 그에 따라 행성의 순서는 계속해서 변한답니다.

우주여행

최대 이각 지구에서 봤을 때 수성과 금성이 태양에서 가장 멀리 떨어진 지점으로 이때 이 행성들은 무척 밝아서 찾기 쉽죠.

충 외행성이 지구를 중심으로 태양과 정반대에 놓이는 지점이에요(태양 - 지구 - 행성 순서). 보름달과 마찬가지로 충일 때 행성이 가장 밝고, 일몰부터 일출까지 밤새 떠 있어요.

자오선 통과 수성이나 금성이 지구에서 봤을 때 태양의 표면을 따라 이동하는 것을 말해요.

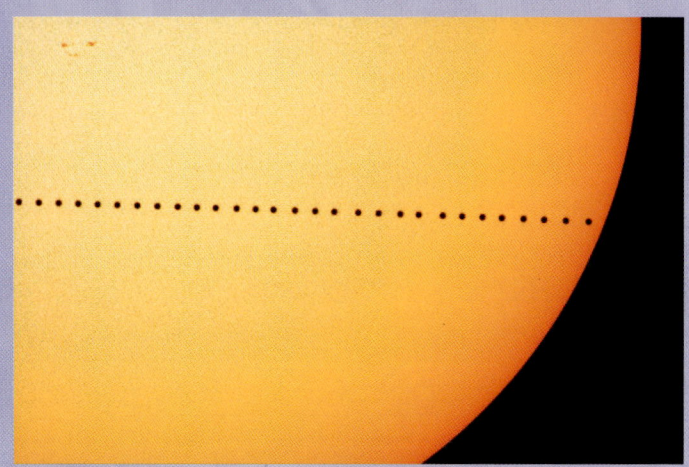

합 태양계의 천체들이 하늘에서 서로에게 가까워지는 현상을 말해요. 비록 거의 같은 곳에 있는 것처럼 보일지 몰라도 사실은 무척 멀리 떨어져 있지만요. 지구에서 봤을 때 황도면 위에 줄지어 있는 것처럼 보일 뿐이죠.

하늘의 떠돌이

행성을 뜻하는 영어 단어 'planet'은 그리스어 'planetai(플라네타이)'에서 왔어요. '떠돌이'라는 뜻을 가진 단어죠. 아주 오랜 옛날에는 행성이 별자리를 따라 떠도는 천체로 여겨졌기 때문이에요. 그래서 수성과 금성, 화성, 목성, 토성은 모두 행성으로 취급되었고, 태양과 달마저 행성이라고 생각되었답니다!

반면에 지구는 행성이라고 생각되지 않았죠. 우리가 사는 곳이자 우주의 중심이라고 여겨졌어요.

지동설의 등장

그러다가 사람들이 지구가 우주의 중심이 아니라는 사실을 알게 되면서, 행성이라는 단어의 정의는 태양 주위를 도는 천체라는 뜻으로 바뀌었어요. 태양과 달은 행성의 목록에서 빠졌고 지구는 행성에 추가되었죠. 망원경이 발명되고 나서 천문학자들은 1781년에 천왕성을 발견했어요. 1801년에는 케레스가, 그리고 얼마 안 되어 팔라스, 주노, 베스타가 발견되었죠. 1807년에는 천문학자들이 태양계에는 11개의 행성이 있다고 생각했어요!

너무 많은 행성들

케레스와 팔라스, 주노, 베스타는 화성과 목성 사이에서 태양 주위를 돌았어요. 이 천체들의 궤도는 서로 겹쳤죠. 시간이 지나면서 천문학자들은 같은 구역에서 더 많은 천체들을 발견했어요.

그러다가 1850년대가 되어서야 케레스와 그 친구들이 행성이라기보다는 완전히 성격이 다른 태양계의 새로운 천체들이라는 사실이 알려졌어요. 이들은 소행성이라고 불리게 되었죠. 이런 천체들이 **소행성**으로 묶이면서 태양계 행성의 숫자는 45개에서 다루기 쉬운 7개로 줄어들었어요.

천왕성과 명왕성, 친구들

1846년에는 여덟 번째 행성인 해왕성이 발견되었죠. 그리고 1930년에는 명왕성이 발견되었어요. 1992년부터 해왕성의 궤도 바깥에서 여러 천체들이 발견되었지만 새로운 행성이 발견된 것은 오랫동안 여기까지가 끝이었어요.

그러다 2005년에 명왕성과 크기가 거의 비슷한 천체인 에리스가 발견되었죠. 그에 따라 명왕성은 단지 '해왕성 바깥의 천체들(TNO)'이라는 태양계의 새로운 천체 무리 가운데 가장 밝을 뿐이라는 사실이 알려졌어요.

오늘날 행성은 중력으로 구체가 될 만큼 충분히 거대하고 다른 천체와 궤도를 공유하지 않는 천체로 정의돼요. 그에 따라 명왕성과 에리스, 케레스는 **왜행성**이 되었죠. 왜행성이란 구체이기는 하지만 다른 소행성이나 TNO들과 궤도가 겹치는 천체에요. 그리고 하우메아와 마케마케라는 이름의 왜행성 2개가 새로 발견되었어요. 천문학자들은 그 밖에도 왜행성이 더 많이 발견될 것이라 예상해요.

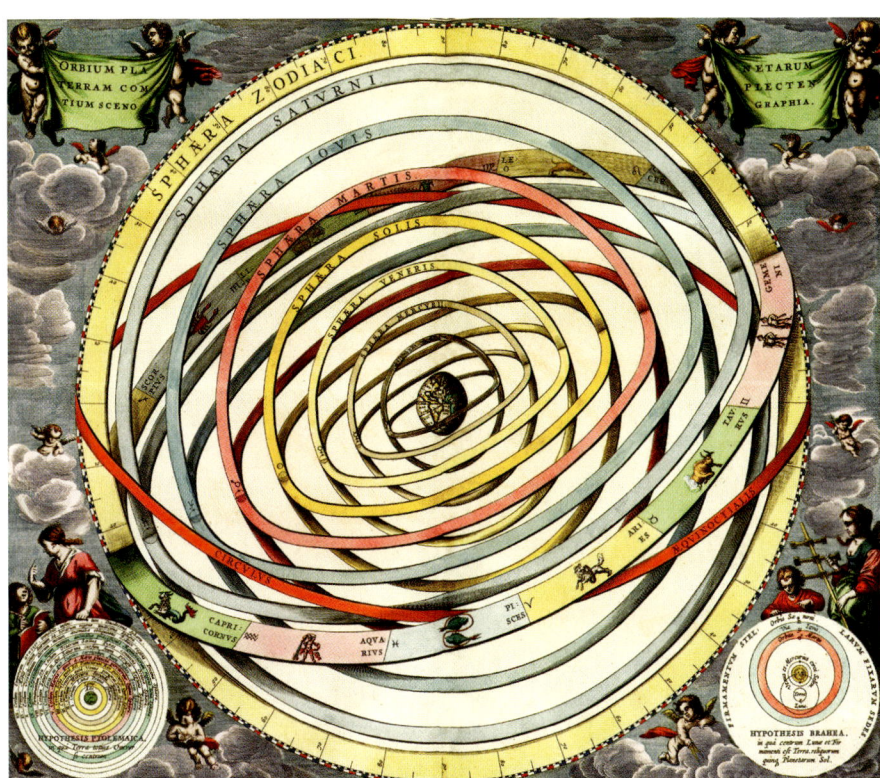

1660년에 출간된 이 그림에서 지구는 우주의 중심이며 태양과 달, 5개의 행성, 황도 12궁이 그 주위를 돌고 있어요. 그래도 당시에는 코페르니쿠스, 케플러, 갈릴레오를 포함한 여러 과학자들이 사실은 지구와 행성들이 태양 주변을 돈다고 믿었죠. 하지만 이런 아이디어는 모든 사람들에게 퍼지지 않았어요.

 1608년에는 안경 제작자인 한스 리퍼세이가 망원경을 최초로 발명했어요. 이 소식은 먼 곳의 여러 천문학자들에게 빠른 속도로 퍼졌죠.

태양계를 돌아다니는 다른 천체들

태양계에 태양과 그 주변을 도는 천체들이 무질서하게 뒤섞여 있지는 않아요. 그 구조를 보면 형성 과정과 역사를 알 수 있죠. (각 공전 궤도의 기울기는 조금 과장되게 그린 거예요.)

오르트 구름은 얼음에 덮인 미행성들로 이뤄진 거대한 거품처럼 태양계 전체를 에워싸고 있어요. 태양과 행성이 이루는 대형에서 밀려난 천체들이죠.

카이퍼 띠는 해왕성 바깥의 황도에서 태양 주위를 도는 천체들이 이루는 원반 모양 구조예요. 명왕성도 여기에 속하죠.

 과학자들은 대부분의 혜성이 이런 멀리 떨어진 구역에서 형성되었을 것이라 생각해요.

바깥쪽 태양계(외태양계)는 안쪽 태양계에 비해 훨씬 규모가 커요. 목성, 토성, 천왕성, 해왕성 같은 기체로 이뤄진 목성형 거대 행성들을 포함하죠.

안쪽 태양계(내태양계)는 소행성대보다 안쪽에 자리해요. 태양과 암석으로 이뤄진 지구형 행성들, 그 행성들의 위성들을 포함하죠.

지구형 행성

수성, 금성, 지구, 화성을 **지구형 행성**이라고 해요. 대부분이 대기를 갖고, 다들 태양과 가까우며(1.5AU 미만) 위성이 없거나 적어요.
'지구형'이라는 건 지구와 비슷하다는 뜻이에요. 지구형 행성들은 다들 암석과 금속으로 이루어졌고 크기가 지구만하거나 더 작죠.

 **천문단위(AU):** 거리를 재는 단위에요. 1AU는 지구와 태양 사이의 거리와 같죠(1억 5,000만 킬로미터).

목성형 행성

목성, 토성, 천왕성, 해왕성은 **목성형 행성**이에요. 태양계에서 비교적 태양과 멀리 떨어져 있죠(태양으로부터의 거리가 5~30AU).
'목성형'이란 목성과 비슷하다는 뜻이에요. 이 행성들은 지구형 행성보다 4배에서 11배가 크고 질량도 훨씬 크죠. 또 지구형 행성들과는 달리 목성형 행성은 표면이 단단하지 않아서 우주선이 착륙할 수가 없어요. 목성형 행성은 기체로 이루어졌죠.
목성형 행성들은 다들 고리를 가졌고 위성도 상당히 많아요.

태양계 소천체(SSSB)

태양계에는 조그만 천체들이 무척 많아요. 얼음과 암석으로 이뤄졌고 태양 주위를 도는 이 천체들은 다음과 같은 3개의 큰 구역으로 나뉘죠.
먼저 **소행성대**(태양에서 1.5~5AU 떨어진)는 화성과 목성 사이에 있어요. 커다란 암석 덩어리인 소행성들이 태양 주위를 돌죠.

소행성 "베누"

대부분의 소행성은 일종의 돌 뭉치라고 할 수 있어요. 여러 개의 암석이 중력에 의해 느슨하게 결합되어 있죠.

그리고 카이퍼 띠(태양에서 30~50 AU 떨어진)는 얼음과 암석으로 이뤄진 천체들로 구성되었어요.
마지막으로 오르트 구름은(태양에서 1,000~10만 AU 떨어진) 태양계를 둘러싼 얼음으로 이뤄진 천체들의 타원형 껍데기에요. 지구와 가장 가까운 이웃별인 프록시마 켄타우리에 이르는 거리의 4분의 1 지점까지 뻗어 있죠.
암석이나 얼음 덩어리인 소행성들은 소행성대, 카이퍼 띠, 오르트 구름 바깥에서도 발견돼요. 가끔은 이런 소행성들이 행성이나 위성의 중력에 이끌리기도 하죠.
가끔 밤하늘에서 별똥별이라고도 불리는 유성을 관찰할 수 있어요. 대기권에 들어온 소행성들이죠. 대기권을 통과해 살아남아 행성의 지표면에 부딪친 유성 조각을 **운석**이라고 부른답니다.

따라해 봐요
비율에 맞는 축소 모형 만들기 ★★

태양계에서 행성들 사이의 거리는 행성의 크기에 비해 굉장히 멀리 떨어져 있죠.
종이 한 장에 태양계 전체의 행성들을 비율에 맞게 그리는 건 불가능할 거예요.

정말 그럴지 알아보기 위해 태양계의 **축소 모형**을 한번 만들어 봐요. 크기를 줄이되 비율을 그대로 되살린 모형을 말해요.

1. 먼저 태양부터 시작해요. 태양은 지름이 15센티미터인 커다란 자몽 정도의 크기로 만들어요. 실제 크기에 비해 100억 분의 1로 줄인 모형이죠. 옆의 표를 활용해 다른 행성들은 태양과 비교해 크기가 얼마나 되고 각각 태양과 얼마나 떨어져 있는지 살펴봐요.

2. 집에서 각각의 행성에 해당하는 물체를 찾아요. (지구는 겨자씨 정도의 물체면 돼요.)

3. 태양계 모형을 만들려면 충분한 공간이 필요할 거예요. 야외에 나가 친구들을 불러 행성들의 모형을 들고 공터나 보도에 서 있게 해보세요.

태양계 모형 전체를 축구장 만하게 만든다 해도 여러분은 목성까지만 닿을 수 있을 거예요. 인터넷에서 여러분이 사는 지역의 지도를 보면서 나머지 행성들은 어디쯤에 해당할지 확인해 보세요.

이 크기의 축소 모형에서는 지구와 가장 가까운 별인 프록시마 켄타우리가 태양 모형에서 3,000킬로미터 떨어진 자몽일 거예요. 우주는 이렇게나 넓은 텅 빈 공간이랍니다!

천체	지름			비교할 만한 물체	태양으로부터의 거리	
	밀리미터	인치	인치		미터	피트
태양	150.0	6.00	6	자몽		
수성	0.5	0.02	1/32	소금 알갱이	6.2	20
금성	1.3	0.05	1/16	겨자씨	11.6	38
지구	1.4	0.05	1/16	겨자씨	16.0	53
화성	0.7	0.03	1/32	양귀비씨	24.4	80
목성	15.3	0.60	5/8	작은 적포도알	83.4	274
토성	12.9	0.51	1/2	블루베리	152.9	502
천왕성	5.5	0.22	1/4	말린 후추 열매	307.6	1009
해왕성	5.3	0.21	1/4	말린 후추 열매	481.9	1581
명왕성	0.3	0.01	1/64	소금 알갱이	632.8	2076

각 행성들을 각각의 인덱스카드에 크기 비율대로 그려서 벽에 붙이면 간단해요.
수성과 명왕성은 얇은 볼펜으로 카드 위에 점 하나를 찍어야겠지만 말이에요!

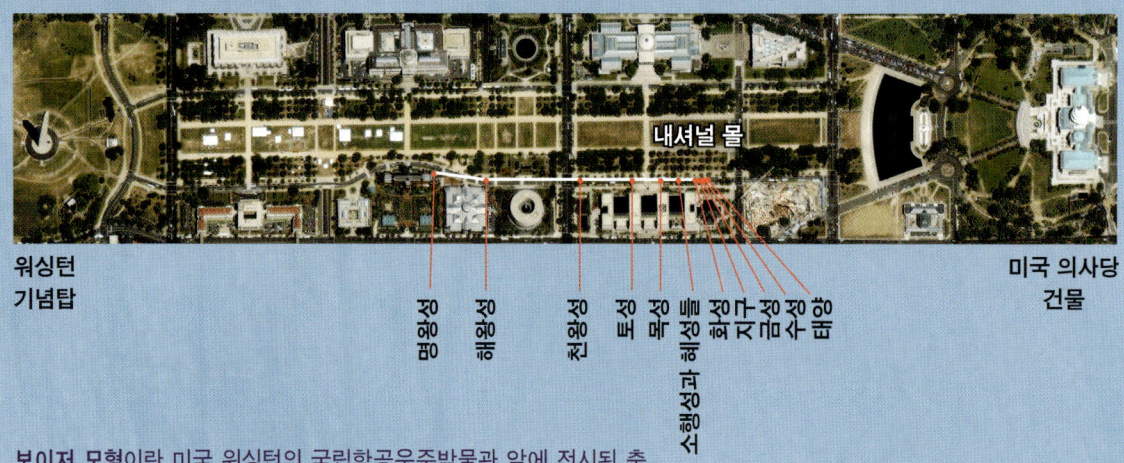

보이저 모형이란 미국 워싱턴의 국립항공우주박물관 앞에 전시된 축척이 100억 분의 1인 태양계 모형이죠. 태양이 커다란 자몽만한 크기예요. 나머지 행성들은 위의 사진처럼 내셔널 몰을 따라 배치되어 있죠. 이 보이저 모형은 미주리 주 캔자스시티, 코퍼스크리스티, 텍사스 주 휴스턴에도 설치되어 있어요.

수성

태양까지의 평균 거리 : 0.39AU

지름(지구를 1이라 할 때) : 0.38

구성 성분 : 암석과 금속

대기 : 없음

위성 : 없음

고리 : 없음

기온 : 영하 170도에서 430도

1일 = 지구의 176일 (수성의 자전 주기는 59일)

1년 = 지구의 88일

수성에서 보내는 하루는 어떨까?
공기도 없고 표면에는 크레이터가 가득해요. 밤에는 엄청나게 춥고 낮에는 엄청나게 덥죠. 하루가 아주, 아주 길고요.

우주선이 방문한 적이 있을까?
NASA의 마리너 10호와 메신저 호, ESA-JAXA의 베피콜롬보 호가 수성에 방문한 적이 있어요.

메신저 호는 2004년 8월 3일에 지구에서 발사되어 2011년 3월 17일에 수성의 궤도에 올랐어요. 그리고 2015년 4월 30일에 원래 임무를 마쳤죠.

이 사진은 달이 아니라 수성이에요. 수성은 지구 주위를 도는 달과 비슷하게 생겼어요. 하지만 달보다는 조금 크고 질량이 훨씬 더 많이 나가죠.

수성은 크레이터로 뒤덮여 있어요. 아베딘 크레이터를 확대한 사진으로 커다란 소행성이 충돌하고 난 잔해를 보여 주죠. 이 충돌 과정에서 암석이 녹았고 크레이터의 한가운데에 그 흔적이 굳어 엉망진창인 덩어리가 되었어요.

수성의 지각에는 주름같이 생긴 **스카프**라는 지형이 있어요. 행성의 내부가 식어 수축하는 과정에서 생성되었죠.

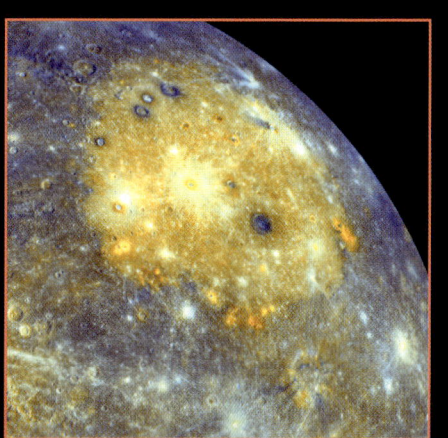

이 사진의 다양한 색깔은 각기 다른 유형의 암석에서 온 거예요. 예컨대 황갈색은 화산암이죠.

행성을 만나보자

금성

태양까지의 평균 거리 : 0.72AU

지름(지구를 1이라 할 때) : 0.95

구성 성분 : 암석과 금속

대기 : 이산화탄소와 질소

위성 : 없음

고리 : 없음

기온 : 하루 종일 460도 정도임

1일 = 지구의 117일 (금성의 자전 주기는 243일)
1년 = 지구의 225일

금성에서 보내는 하루는 어떨까?
짙은 구름이 껴 있고 황산이 섞인 비가 내려요. 게다가 두터운 대기가 도착하자마자 여러분을 짓누를 거예요. 금성은 방문하기에 그렇게 쾌적한 여행지는 아니죠. 물도 없고요.

우주선이 방문한 적이 있을까?
베네라 4~16호, 마리너 2, 5, 10호, 파이어니어 금성 탐사선 1호, 2호, 마젤란 탐사선, ESA의 금성 탐사선인 비너스 익스프레스가 지금껏 금성을 방문했어요.

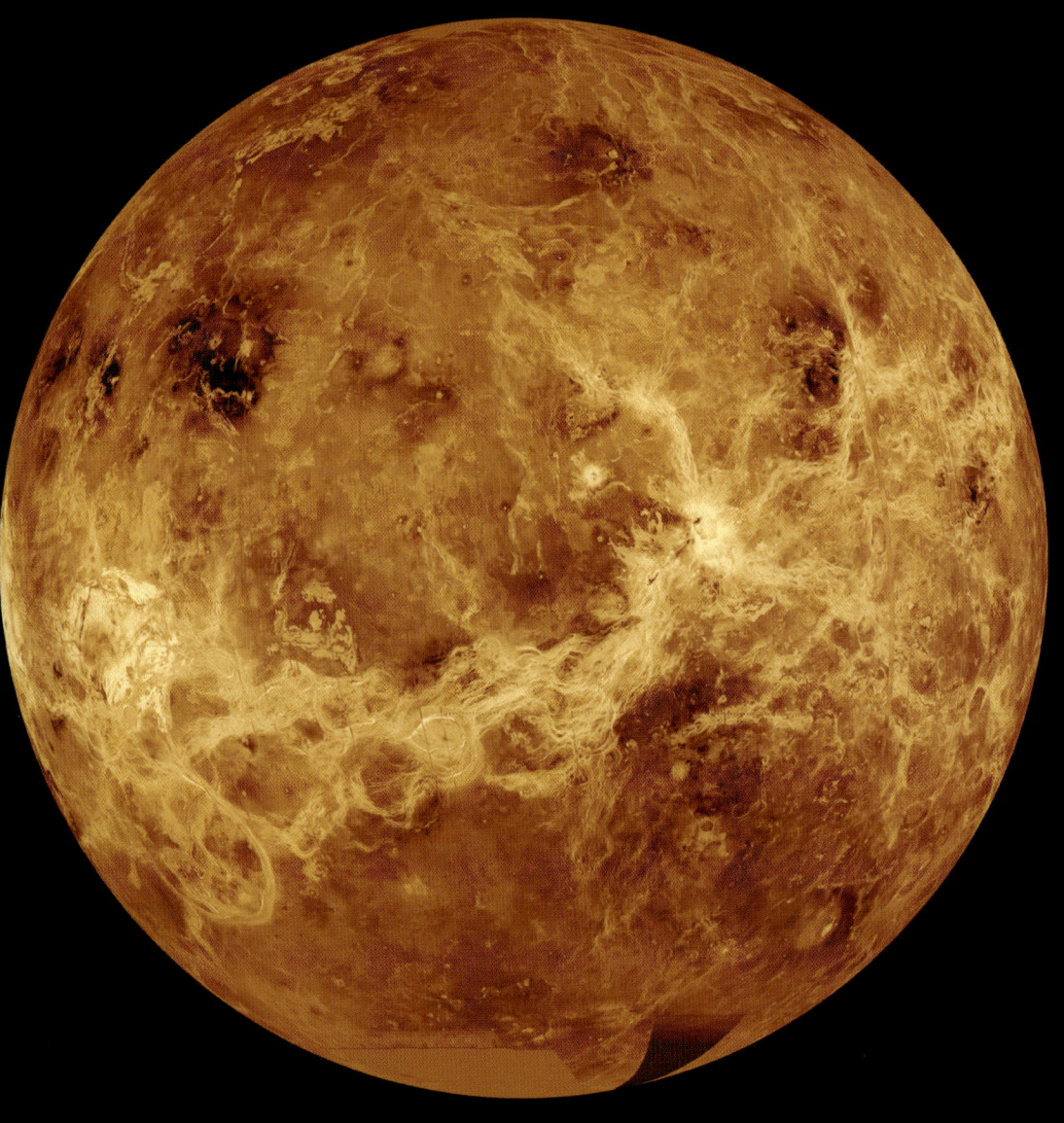

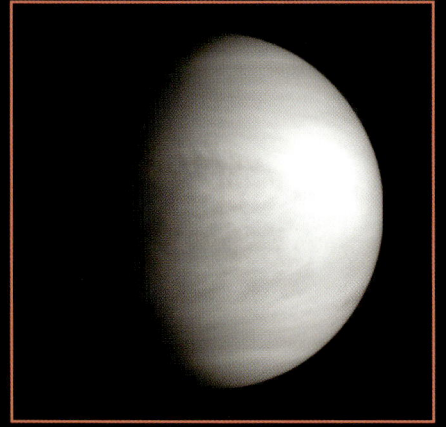
금성은 이 두터운 대기 밑에 무엇을 숨겼을까요?

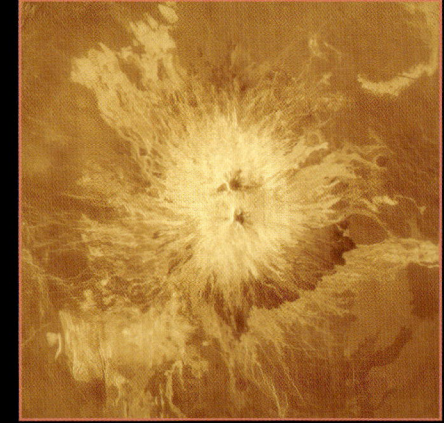
바로 화산과…

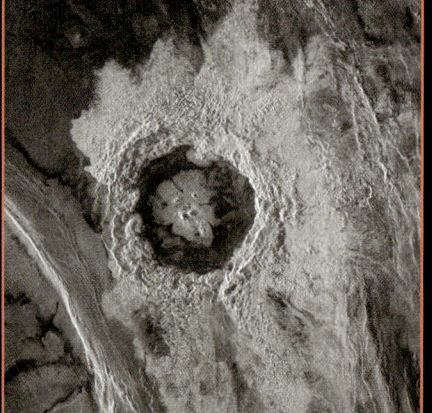
크레이터와 …

… 암석으로 이뤄진 표면이죠.

금성의 지형 이름은 대부분 여신이나 여성의 이름을 따서 지었답니다. 예컨대 시인 에밀리 디킨슨의 이름이 붙은 크레이터가 있죠.

지구

태양까지의 평균 거리 : 1AU(1억 5,000만 킬로미터)

지름(지구를 1이라 할 때) : 1만 2,700킬로미터

구성 성분 : 암석과 금속

대기 : 질소, 산소, 이산화탄소

위성 : 1개

고리 : 없음

기온 : 영하 88도에서 58도

1일 = 지구의 24시간
1년 = 지구의 365.25일

지구에서 보내는 하루는 어떨까?
기온이 쾌적하고 상쾌한 공기를 마실 수 있어서 태양계에서 식물이 가장 잘 자라는 정원 같은 행성이죠. 표면에 액체 상태의 물이 있고 어디든 생명이 있어요.

우주선이 방문한 적이 있을까?
지구의 기후를 살피고 지표면의 사진을 찍기 위해 수많은 우주선과 위성이 지구 주위를 돌고 있어요. 그 가운데는 사람이 타고 있는 우주선도 있죠!

지구의 기온은 물이 순환하기에 딱 알맞아요.

지구 표면에 생긴 크레이터는 대부분 풍화 작용이나 판의 움직임에 의해 사라졌죠.

태양계의 모든 위성 가운데서도 지구의 위성인 달은 본 행성과 비교했을 때 덩치가 가장 큽니다.

40억 년의 진화를 거치며 지구의 생명체들은 엄청나게 발전했어요!

행성을 만나보자
화성

태양까지의 평균 거리 : 1.5AU

지름(지구를 1이라 할 때) : 0.53

구성 성분 : 대부분 암석

대기 : 이산화탄소, 질소, 아르곤

위성 : 포보스와 데이모스의 2개

고리 : 없음

기온 : 영하 90도에서 60도

1일 = 지구의 24.6시간

1년 = 지구의 687일

화성에서 보내는 하루는 어떨까?
화성은 지구보다 춥고 대기가 무척 희박하며 중력이 작아요. 토양에 철분이 들어 있어서 흙과 바위가 붉은색이죠.

우주선이 방문한 적이 있을까?
그동안 많은 우주선이 화성을 방문했어요. 그 가운데는 표면을 돌아다니는 탐사선들도 있죠.

인사이트 호는 2018년 5월 5일에 지구에서 발사되어 2018년 11월 26일에 화성에 착륙했어요. 아직까지도 화성의 표면 아래에 무엇이 있는지 조사하는 중이죠.

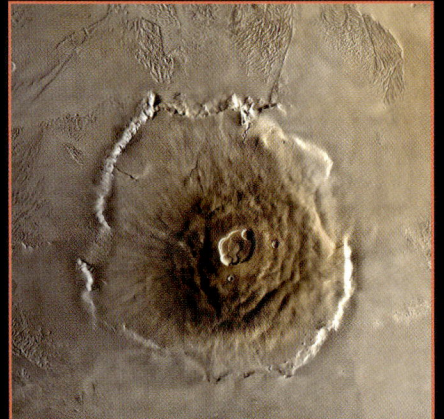

올림푸스몬스 화산은 태양계에서 가장 높은 화산이에요.

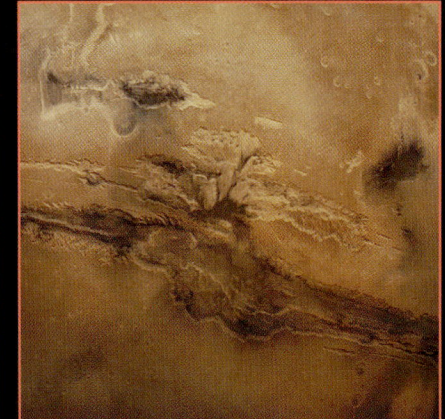

마리너계곡은 태양계에서 가장 큰 계곡이죠.

화성의 물은 극지역에 형성된 얼음인 극관 속에 있어요. 하지만 위의 사진은 표면에도 액체 상태의 물이 존재할지도 모른다는 증거를 보여 주죠.

화성에는 데이모스(왼쪽)와 포보스(오른쪽)라는 두 위성이 있어요. 이 두 위성은 어쩌면 화성 가까이에서 이리저리 돌아다니는 소행성일지도 몰라요. 그러다가 화성의 중력이 이끌려 궤도 안에 들어온 거죠.

우주 오디세이

지구 궤도를 도는 망원경 이런 망원경은 우주에 있기 때문에 지표면에 있는 것보다 더 선명한 상을 얻을 수 있어요. 지구 대기권에 가로막혀 방해받지 않으니까요. 우주망원경은 지구 주위를 돌면서 여러 관측을 실시해요.

우주 탐사체 우주로 멀리 나갈수록 보다 많은 것을 관측할 수 있죠. 대부분의 우주 탐사체들은 편도 여행을 하도록 설계되었어요. 관측한 정보를 모아 지구로 전송하죠.

궤도 선회 우주선 행성이나 달, 소행성 주위를 돌면서 사진을 많이 찍죠.

착륙선 행성이나 달, 소행성의 표면에 착륙해 아주 가까운 곳에서 사진을 찍고 암석과 토양, 대기를 조사해요.

탐사선 행성의 표면을 이리저리 돌아다니면서 탐사할 수 있는 착륙선이에요.

표본을 가져오는 탐사선 행성이나 태양계의 천체를 방문한 다음, 암석의 표본을 채취해서 과학자들이 연구하도록 지구에 가져오는 우주선이에요.

성간 우주선 태양계를 떠나 항성계의 우주를 탐사하도록 설계된 탐사선이에요.

큐리오시티 호는 2011년 11월 26일 지구에서 발사되어 2012년 8월 6일 화성에 착륙했어요. 지금 이 순간도 화성을 돌아다니며 탐사하는 중이죠.

화성에서 찍는 셀카
화성 탐사선인 큐리어시티 호가 2018년 1월 23일에 찍은 자기 사진이에요. 탐사선의 머리와 로봇 팔에 설치된 카메라로 10장 정도를 찍어 합성했죠.

행성을 만나보자
목성

태양까지의 평균 거리 : 5.2AU

지름(지구를 1이라 할 때) : 11

구성 성분 : 수소와 헬륨

대기 : 수소와 헬륨

위성 : 과학자들이 이제껏 발견한 위성은 79개

고리 : 아주 얇은 고리가 있음

목성에서 보내는 하루는 어떨까?
목성에는 발을 딛고 설 단단한 표면이 없어요. 기체로 이뤄진 행성이고 짙은 구름이 그 위를 덮고 있죠.

기온 : 영하 150도

1일 = 지구의 10시간

1년 = 지구의 11.8년

우주선이 방문한 적이 있을까?
파이어니어 10호와 11호, 보이저 1호와 2호, 주노 호가 목성을 방문했어요. 카시니 호와 뉴호라이즌스 호는 각각 토성과 명왕성을 가는 길에 목성을 스쳐 지났죠.

주노 호는 2011년 8월 5일에 지구에서 발사되어 2016년 7월 4일 목성의 궤도에 진입했어요. 그리고 2021년 7월에 임무를 끝마칠 예정이죠.

목성의 대적반은 최소 350년 동안 지속되는 거대한 폭풍으로 이뤄져요.

목성의 줄무늬는 구름과 암모니아(흰색), 황화수소암모늄(붉은색)으로 구성돼요.

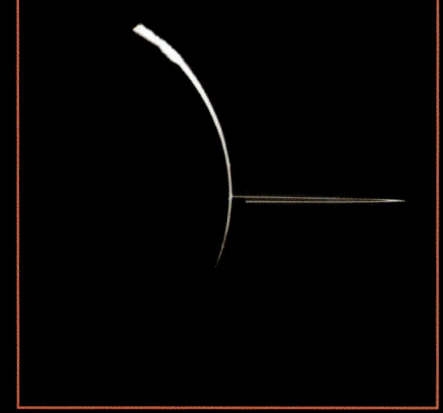

목성의 고리는 토성의 고리에 비하면 아주 얇아요.

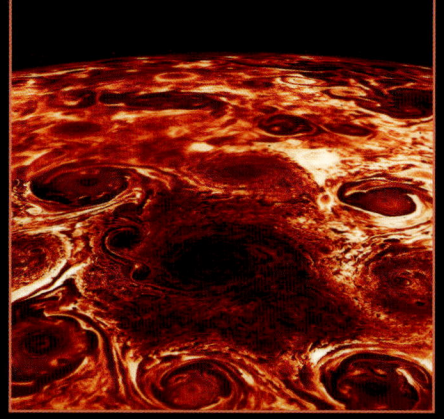

목성의 북극에는 사이클론이 하나 있고, 그 주위를 8개의 다른 사이클론이 둘러싸고 있어요. (남극 역시 비슷한 모습이지만 사이클론이 9개가 아니라 6개 있죠.)

갈릴레오 위성

목성의 가장 큰 위성 4개는 1609년에 갈릴레오가 처음 발견했어요. 이 위성들은 목성에 밀물과 썰물처럼 묶여 있으며 목성에 항상 같은 면을 보이죠. 목성과 가장 가까운 위성은 이오이고 그 다음이 유로파, 가니메데, 칼리스토의 순서에요.

목성의 다른 위성들은 작고 타원형이며 공전 궤도가 기울어져 있어요. 소행성이나 혜성이었다가 목성의 중력에 붙잡혔을 가능성이 가장 높죠. 목성은 거대한 유성들이 내행성계로 들어가 충돌하지 않도록 막는 방패 역할을 한답니다!

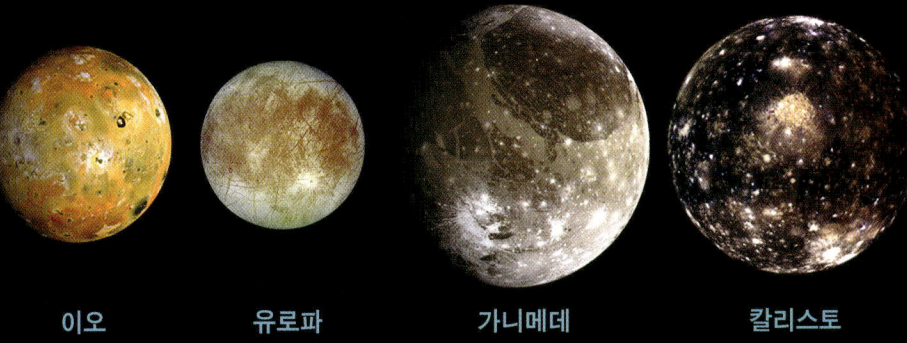

이오   유로파   가니메데   칼리스토

우주야, 안녕!

아마도 가장 성공적인 태양계 탐사 사례를 꼽자면 보이저 1호와 2호일 거예요. 1977년에 발사된 보이저 호는 목성과 토성, 천왕성, 해왕성을 겨우 12년 만에 전부 거쳤죠. 그 과정에서 행성과 그것의 위성에 대해 우리가 아는 모든 지식이 바뀌었어요.

보이저 1호와 2호는 이제 둘 다 태양계를 벗어나 항성간 탐사선이 되었어요. 두 탐사선 모두 '금색 음반'을 싣고 있죠. 금색 음반이란 금을 입힌 구리 LP 디스크로 그 속에 인류 문명의 발달 과정을 알려 주는 사진과 소리 파일을 담은 물건이에요. 탐사선이 외계 문명과 만난다면 전할 메시지를 담았죠. 이 음반의 겉면에는 인간이 아닌 과학자들이 레코드플레이어를 만들도록 설명을 적었어요.

금색 음반에는 55개국의 언어로 전하는 인사와 전 세계의 음악, 우리 지구와 인류 문명의 사진들이 실려 있어요. 그뿐만 아니라 천둥이나 화산 폭발 같은 자연의 소리도 녹음되었고, 귀뚜라미 울음소리나 새들의 노랫소리, 코끼리의 울음소리, 사람의 웃음이나 심장 박동, 노래, 말소리 같은 다양한 소리를 담았죠.

이오의 화산은 무척 강력해서 공전 궤도까지 분출물을 내보낼 정도죠.

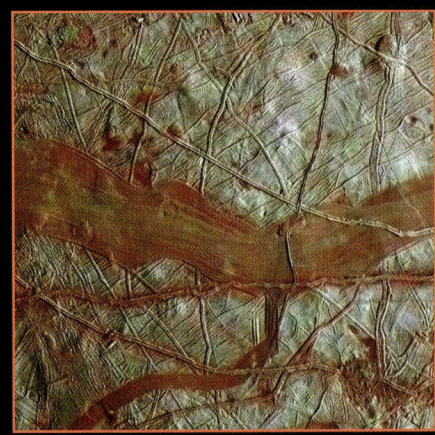

유로파 위성은 핵이 암석으로 되어 있고 표면은 얼음이며 지하에는 아마도 바다가 있을 것이라 추정돼요. 사진의 붉은색 줄무늬는 지하의 짠물이 표면으로 스며드는 틈새일 거예요.

토성

태양까지의 평균 거리 : 9.5AU

지름(지구를 1이라 할 때) : 9.1

구성 성분 : 수소와 헬륨

대기 : 수소와 헬륨

위성 : 82개

고리 : 아주 멋진 고리를 가짐

기온 : 영하 180도

1일 = 지구의 10.7시간

1년 = 지구의 29년

토성에서 보내는 하루는 어떨까?
목성과 마찬가지로 토성은 기체로 이루어졌고 두터운 구름이 그 위를 덮고 있어요. 토성에서 부는 바람은 최대 시속 1,800킬로미터나 될 정도죠.

우주선이 방문한 적이 있을까?
파이오니어 11호, 보이저 1호와 2호, 카시니-하위헌스 호가 그동안 토성을 방문했어요. 2030년대에는 드래곤플라이 호가 토성에 도착할 예정이에요.

다프니스 같은 '양치기 위성'들은 토성의 여러 고리 사이에 틈새가 잘 유지되도록 해요.

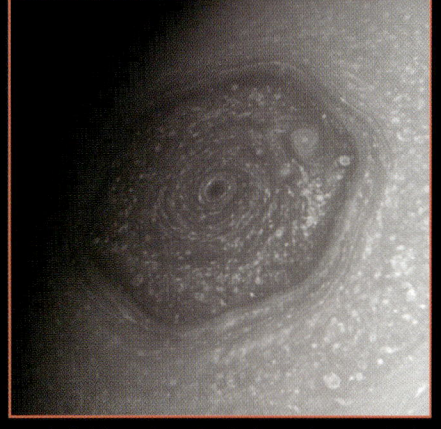

토성의 북극에는 육각형 모양으로 형성된 폭풍이 불어요.

토성의 위성계는 아주 복잡하게 붐빈답니다! 카시니 호에서 찍은 이 사진을 보면 5개의 위성이 같은 컷에 담겼죠.

기울어진 고리 지구와 토성은 서로 기울어졌기 때문에 우리가 바라보는 토성의 고리는 시간이 지날수록 기울기가 달라져요.

드래곤플라이 호

타이탄

태양계에서 두 번째로 큰 위성인 타이탄은 수성보다도 커요. 질소와 메탄으로 이뤄진 두터운 대기가 이 위성의 표면을 가리고 있죠. 카시니 우주 탐사선은 타이탄 표면에 하위헌스 착륙선을 떨어뜨려 호수와 구름, 비에서 메탄과 에탄(천연가스) 성분을 발견했어요. 타이탄은 중심부인 핵이 암석으로 되어 있고 표면은 바위처럼 단단한 얼음으로 이뤄졌죠. 그리고 지하에는 물과 암모니아가 든 짠 바닷물이 흐를지도 몰라요.
2030년대에는 드래곤플라이 드론 착륙선이 타이탄에 방문할 예정이랍니다.

타이탄 타이탄의 표면을 가장 가까운 곳에서 촬영한 사진이에요. ESA의 하위헌스 착륙선이 보냈죠. 해상도는 낮지만 타이탄의 주황색 하늘 아래 숨겨졌던 꽁꽁 얼어붙은 돌멩이들을 보여 줘요.

토성의 위성인 엔켈라두스는 목성의 위성인 유로파와 무척 닮았어요. 과학자들은 엔켈라두스에도 땅속에 바다가 존재할지도 모른다고 생각한답니다!

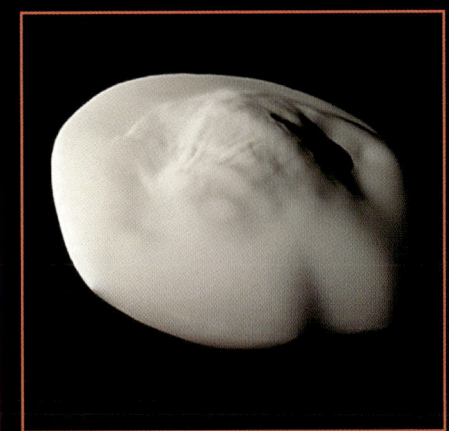

토성의 고리 안에서 토성의 주위를 도는 위성들은 먼지와 얼음에 뒤덮여 있어요. 그래서 마치 양념이 묻은 라비올리처럼 보이죠.

천문학 노트 Astronomy Notebook
여러분만의 태양계를 설계해요 ✦✦

천문학자들은 별의 주위를 도는 행성을 지금껏 수천 개도 넘게 발견했어요. 이런 **태양계외행성**들은 지구나 그 이웃 행성들과는 꽤 다를 수도 있죠.

준비물
- 천문학 노트
- 색연필, 펜, 마커, 크레파스

1 태양 역할을 하는 별부터 시작해요. 별의 색깔을 결정하고 그려 넣어요.

2 여러분의 별은 행성을 몇 개 거느리고 있나요? 그리고 그 행성들은 각각 어떤 차이점이 있나요? 암석으로 이뤄진 행성은 보통 별과 가깝고 기체로 이뤄진 행성은 별과 멀리 떨어진 편이죠. 행성들을 그려 넣어요.

3 이제 '거주 가능한 구역'에 대해 생각해 봐요. 이 구역은 태양계에서 물이 액체 상태로 존재하고 생명이 살 수 있는 구역을 말해요. 어떤 종류의 동물이나 식물이 여러분의 태양계에 살까요? 어쩌면 외계인들이 살지도 모르죠! 다른 종이에 그려 봐요.

4 여러분의 태양계에는 또 무엇이 존재하나요? 기체형 행성들이 태양과 가까이 다가오나요? 혜성이나 소행성들이 획획 소리 내며 지나가나요? 외계인들이 우주 정거장을 만들었나요?

5 여러분의 별과 그 주변을 도는 행성들, 위성들에 전부 이름을 붙여요.

→ 여러분의 태양계에 외계인이 있다면 어떤 모습으로 살아갈까요?

→ 이 외계인들은 지구인들을 어떻게 생각할까요?

상상력을 마음껏 발휘해 보세요!

행성을 만나보자
천왕성

태양까지의 평균 거리 : 19AU

지름(지구를 1이라 할 때) : 4.0

구성 성분 : 수소, 헬륨

대기 : 수소, 헬륨, 메탄

위성 : 27개

고리 : 존재함. 태양계에서 두 번째로 큼

기온 : 영하 215도

1일 = 지구의 17.2시간

1년 = 지구의 84년

천왕성에서 보내는 하루는 어떨까?
표면은 얼음이 꽁꽁 언 바다와 비슷해요. 천왕성은 공전 궤도면에 누운 채 움직이기 때문에 다른 행성들에 비해 계절의 변화가 엄청나게 크죠.

우주선이 방문한 적이 있을까?
보이저 2호가 천왕성을 방문했죠.

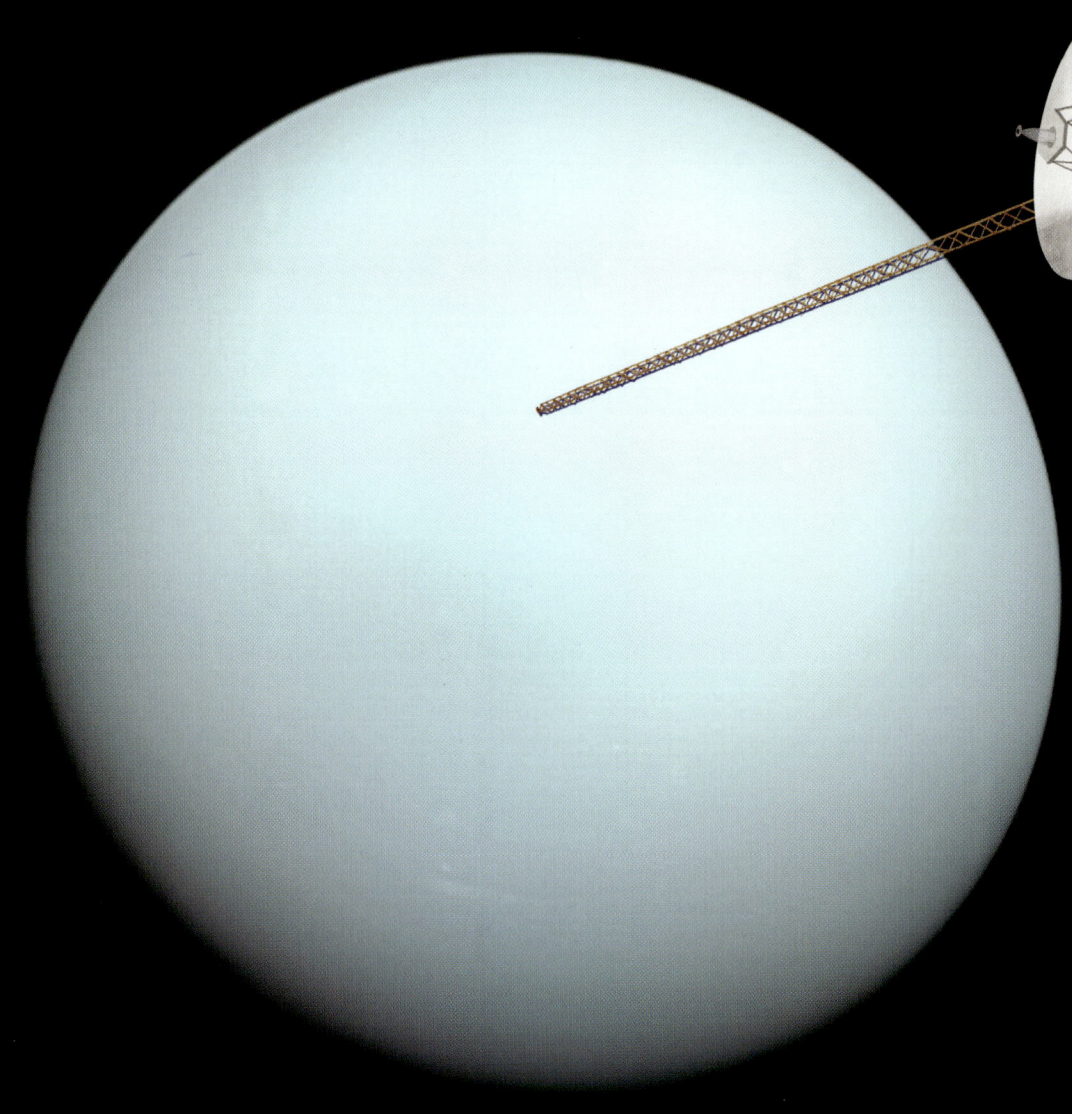

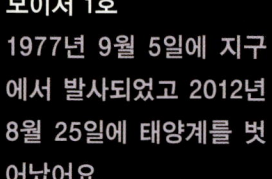

보이저 1호
1977년 9월 5일에 지구에서 발사되었고 2012년 8월 25일에 태양계를 벗어났어요.

보이저 2호
1977년 8월 20일에 지구에서 발사되었고 2018년 11월 5일에 태양계를 벗어났어요. 보이저 1호와 2호 둘 다 지금도 임무를 수행하는 중이죠.

   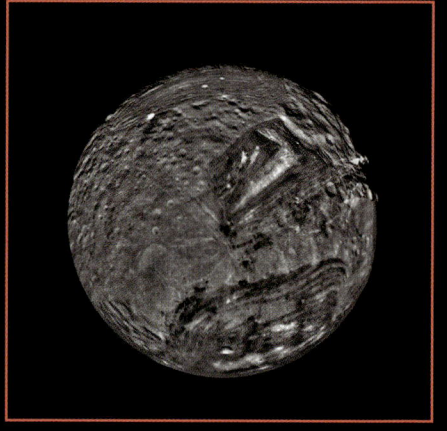

보이저 2호가 천왕성의 북반구를 방문했을 때는 계절이 여름이었어요. 그래서 이 행성은 청록색을 띤 매끄러운 구처럼 보였죠. 이 사진은 허블 천체 망원경(왼쪽, 1998년)과 켁 천체 망원경(오른쪽, 2004년)이 찍은 것들이에요. 천왕성이 가을에 가까워져 줄무늬와 폭풍우가 보이며 고리도 관찰할 수 있죠.

티타니아는 천왕성의 가장 큰 위성이에요.

천왕성의 위성인 미란다는 거대한 바위들이 부딪쳐서 이런 모양이 된 것처럼 생겼죠.

해왕성

태양까지의 평균 거리 : 30AU

지름(지구를 1이라 할 때) : 3.9

구성 성분 : 수소와 헬륨

대기 : 수소, 헬륨, 메탄

위성 : 14개

고리 : 있음

기온 : 영하 215도

1일 = 지구의 16.1시간
1년 = 지구의 165년

해왕성에서 보내는 하루는 어떨까?
천왕성과 비슷하지만 보다 어두워요. 어두침침하고, 추운 데다 바람이 많이 불죠. 행성의 표면에는 질척거리는 수프 같은 상태의 메탄(천연 가스)가 있어요.

우주선이 방문한 적이 있을까?
보이저 2호가 방문했어요.

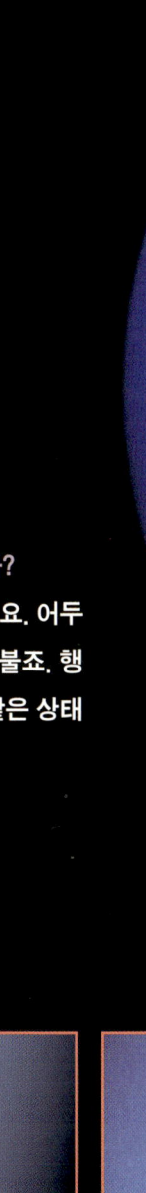

다른 목성형 행성들과 마찬가지로 해왕성에는 구름으로 이뤄진 줄무늬가 있죠.

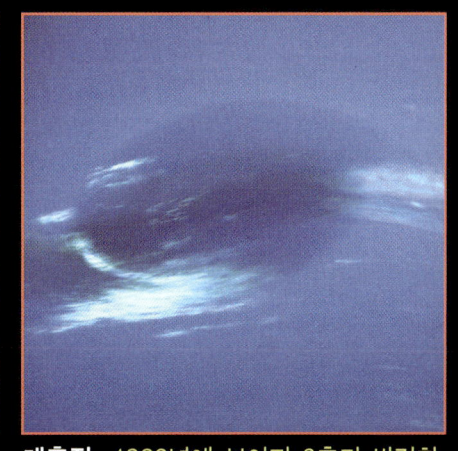

대흑점 1989년에 보이저 2호가 발견한 지구 만한 크기의 폭풍이에요. 이후로 없어졌죠.

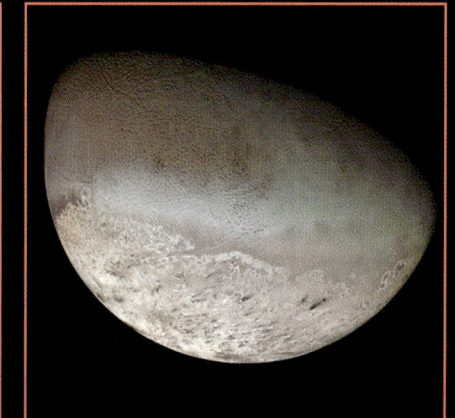

해왕성의 위성 트리톤 태양계에서 일곱 번째로 큰 위성이에요. 트리톤은 명왕성과 닮았고 다른 위성과 반대 방향으로 해왕성의 주위를 돌죠(역행). 이 천체

트리톤은 해왕성의 중력에 사로잡히는 과정에서 해왕성의 전체 위성계를 파괴했을 거예요. 그 결과 프로테우스(왼쪽)와 라리사(오른쪽) 같은 작은 위성 몇 개만

왜행성을 만나보자
명왕성

태양까지의 평균 거리 : 39.5AU

지름(지구를 1이라 할 때) : 0.19

구성 성분 : 얼음과 암석

대기 : 질소, 메탄, 이산화탄소

위성 : 5개

고리 : 없음

기온 : 영하 226도

1일 = 지구의 153시간

1년 = 지구의 248년

명왕성에서 보내는 하루는 어떨까?
무척 춥고 어두워요. 명왕성에서 보면 태양은 무척 환하게 빛나는 별 같죠. 명왕성의 가장 큰 위성인 카론은 명왕성에서 벗어나지 못한 채 한쪽 면만 보여 주면서 공전해요(지구의 달처럼요). 명왕성 역시 카론에 한쪽 면만 보여 주죠.

우주선이 방문한 적이 있을까?
뉴 호라이즌스 호가 방문했어요.

뉴 호라이즌스 호
2006년 1월 19일에 지구에서 발사되었고 2015년과 2016년에 명왕성을 스쳐 지났어요. 지금도 카이퍼 띠와 그 너머로 계속 나아가며 임무를 수행하고 있죠.

이 확대 사진은 뉴 호라이즌스 우주 탐사선이 찍은 거예요. 명왕성 표면의 크레이터와 산맥, 빙하를 볼 수 있죠.

명왕성은 타원형 궤도를 따라 공전하다가 태양에 조금 더 가까워졌을 때 대기가 생겨요. 태양에서 멀어지면 공기와 구름이 얼어붙어 땅에 떨어지죠.

명왕성의 가장 큰 위성인 카론이에요. 명왕성의 중력에 사로잡히지만 않았더라면 같은 왜행성이었을 거예요.

다른 왜행성을 만나보자

소행성대나 카이퍼 띠의 몇몇 천체들은 덩치가 무척 커서 자체의 중력에 의해 둥그런 구 모양이 되었어요. 다음은 여러 왜행성이에요.

	태양으로부터 떨어진 평균 거리 (단위는 AU)	1년(지구의 1년을 기준으로)	하루(지구의 1일을 기준으로)	구성 성분
케레스	2.8	4.6	9.0	바위
하우메아	43.0	281.9	3.9	얼음
마케마케	45.3	305.3	22.5	얼음
에리스	68.0	561.4	25.9	얼음

*AU란 천문단위를 말해요. 1AU는 태양과 지구 사이의 거리죠.

위의 사진 가운데 케레스의 사진만 진짜예요. 지금까지 우주선이 하우메아나 마케마케, 에리스를 방문한 적이 없거든요. 이 이미지는 알려진 정보를 토대로 소행성들이 어떻게 생겼을지 예상해서 만든 결과물이죠.

따라해 봐요
태양계 되기 ★★★

이 실습을 하려면 학교 운동장이나 경기장처럼 탁 트인 곳에서 많은 사람들과 함께 다음 지시 사항을 따라야 해요. 함께 우주의 춤을 추면서 태양과 행성, 위성들이 어떤 식으로 맞물려 움직이는지 직접 알아보는 거죠.

1. 각 참가자들에게 태양계에서 맡은 역할을 이름표에 적어서 몸에 붙이게 해요. 일단 달과 태양계의 여러 행성들부터 역할을 주기 시작하세요. 사람 수만 많다면 화성의 두 위성(포보스와 데이모스)이나 목성(유로파, 가니메데, 이오, 칼리스토)과 토성(타이탄, 디오네), 해왕성(트리톤)의 가장 잘 알려진 위성들을 포함해도 좋아요.

2. 한가운데에 모자나 백팩을 하나 놓고 이것을 태양이라고 쳐요.

3. 수성에서 해왕성까지 태양에서 멀리 떨어진 순서대로 줄을 세워요. 행성의 위성을 맡은 참가자들도 행성을 맡은 참가자들 곁에 머물러요.

4. 다들 준비가 되면 참가자들에게 신호를 주어 위성을 맡은 참가자들이 행성 주위를 돌도록 해요.

5. 이제 행성을 맡은 참가자들에게 신호를 주어 반시계방향으로 천천히 태양 주위를 돌게 해요. 이때 태양으로부터 떨어진 거리가 일정해야 하고, 위성은 계속 행성 주위를 돌아야 하죠.

6. 참가자들의 몸이 엉키지 않거나 누군가 웃음을 터뜨려 대열이 무너지지 않은 채 얼마나 이 태양계 놀이를 계속할 수 있는지 한번 해 봐요. 여러분이 기억해야 할 사실은 우리 태양계가 이런 움직임을 수십억 년 동안 계속했다는 거예요!

태양계는 어떻게 형성되었을까?

태양은 빙글빙글 도는 기체와 먼지 원반에 둘러싸인 채 형성되기 시작했어요. 원반이 회전하면서 작은 물질의 조각들이 서로 충돌하면서 커졌고, 미행성이라고 불리는 단단한 천체가 되었어요. 그리고 미행성이 더 커져 **원시행성**이 되었죠. 이 천체는 꽤 덩치가 커서 자체의 중력만으로 점점 둥근 구체가 되었어요.

추운 곳과 뜨거운 곳

결빙선이란 태양을 둘러싼 가상의 원이에요. 행성이 태양과 가까워져 이 원 안에 들어가면 온도가 따뜻해지기 때문에 물을 비롯한 다른 원소들이 차츰 사라지고 바위와 광물만 남아요. 그렇게 결빙선 안쪽에서 형성된 원시행성은 암석으로 이뤄진 지구형 행성이 되죠.

하지만 결빙선 바깥에서는 무척 춥기 때문에 물을 비롯한 다른 원소들이 얼어붙어요. 이런 원시행성은 목성형 행성이 되죠. 그리고 중력으로 먼지와 기체들을 끌어당기면서 질량이 점점 더 커져요. 목성형 행성들은 어떻게 보면 그 자체로 작은 태양계를 이루는 듯 보이죠. 거대한 행성이 한가운데에 있고 여러 물질로 구성된 원반이 주위를 에워싸며 여기서 위성들이 형성되니까요.

태양계가 자리잡다

그러는 동안 태양은 여전히 형성되는 중이었어요(52쪽 참고). 태양의 온도가 점점 높아지면서 열기와 태양풍(22쪽 참고)이 기체와 작은 얼음 조각들을 태양계 바깥으로 밀어냈죠.

지구형 행성들은 고체가 되었어요. 그리고 목성형 행성들은 지금 있는 위치로 옮겨갔죠. 얼어붙은 미행성의 대부분은 카이퍼 띠와 오르트 구름으로 이동했고요. 그 가운데 몇몇은 목성형 행성의 중력에 사로잡혀 위성이 되었죠.

이렇게 태양계가 형성되었답니다!

태양계에 대해 우리가 아는 사실들

태양계가 어떻게 지금 같은 모습이 되었는지 알기 위해 과학자들은 태양계가 어떻게 구성되었는지(구조), 어떤 성분으로 이뤄졌는지(구성 요소)를 살폈어요.

★ 행성의 궤도는 거의 원형이고 거의 다들 같은 평면 위에 있어요.

★ 행성들은 전부 같은 방향으로 태양 주위를 돌아요. 대부분은 그 방향으로 자전하죠. 행성의 위성들 대부분과 태양도 같은 방향으로 자전해요.

★ 태양과 가까운 행성들은 작고 암석으로 이뤄졌어요. 반면에 태양과 먼 행성들은 덩치가 무척 크고 수소를 포함하는 혼합물로 이루어졌죠.

★ 모든 행성들은 구성 성분이 분화되어 있어요. 예컨대 핵에는 밀도가 높은 물질들이 있고 표면에는 밀도가 낮은 물질이 분포하죠.

★ 태양계에는 비교적 태양과 가까운 암석으로 이뤄진 작은 천체들(소행성대)뿐만 아니라 태양과 멀리 떨어진 곳에 자리하는 꽁꽁 언 천체들(카이퍼 띠와 오르트 구름)도 포함돼요.

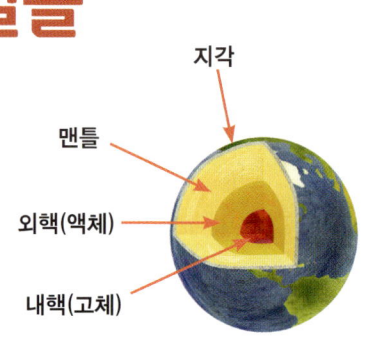

지구형 행성(지구)
- 지각
- 맨틀
- 외핵(액체)
- 내핵(고체)

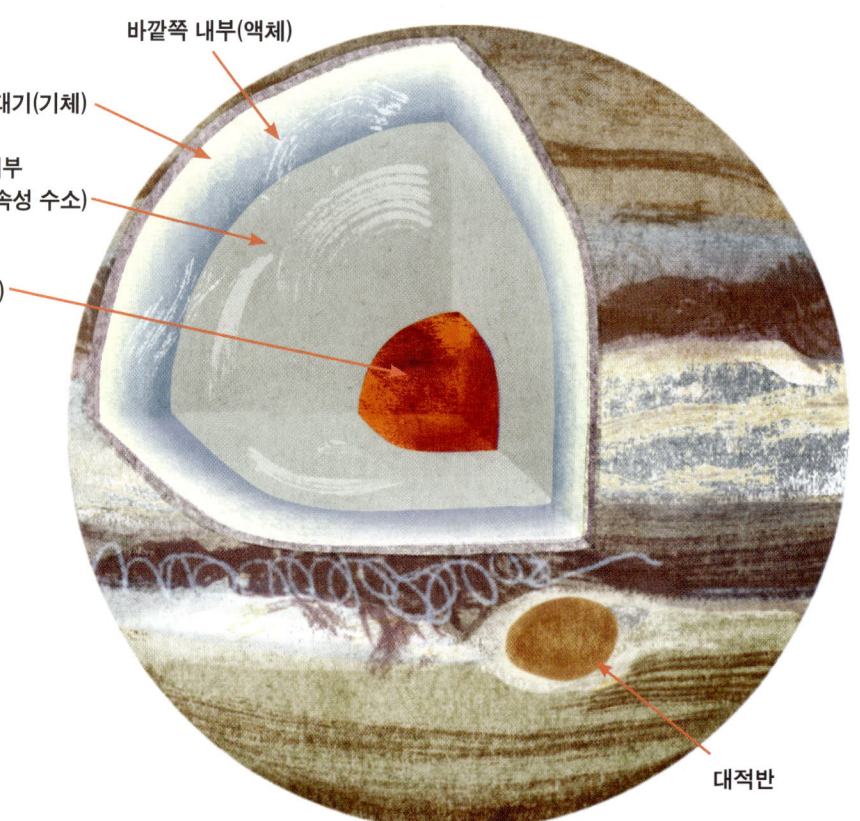

목성형 행성(목성)
- 바깥쪽 내부(액체)
- 대기(기체)
- 내부(액체 금속성 수소)
- 핵(암석?)
- 대적반

태양계의 탄생

콰!

45억 년 전

기체와 먼지로 이뤄진 회전하는 원반의 한가운데에서 태양이 형성되었어요.

원반이 회전하면서 먼지 알갱이들이 중력에 의해 달라붙어 돌멩이가 되었고 이어 바위, 미행성으로 점점 커졌죠.

미행성들이 서로 충돌한 다음 녹아서 달라붙었고 타원형의 행성이 만들어졌어요. 그러면서 원반 사이의 틈새가 사라졌죠.

쿵!

결빙선 바깥쪽에서는 원시행성이 수소를 비롯한 다른 기체로 이뤄진 더 큰 목성형 행성이 되었죠.

암석 미행성

결빙선

얼음 미행성

태양을 둘러싼 이 상상의 원 안쪽에서는 원시행성이 보다 작은 지구형 행성이 되었어요. 암석과 광물로만 이뤄진 행성이었죠. 물 같은 다른 성분들은 전부 날아가 없어진 채였어요.

짜잔!

새로 만들어진 뜨거운 태양이 남아 있는 기체와 먼지를 태양계 밖으로 몰아냈어요.

남은 암석 미행성들이 **소행성대**를 형성했죠.

남은 얼음 미행성들이 **카이퍼 띠**를 형성했어요.

특별한 천문 현상
대혜성

혜성은 얼음과 암석(산 하나 크기 정도인)의 커다란 덩어리가 길고 얇은 궤도를 이루며 태양에 가까이 다가갔다가 태양계의 먼 가장자리로 빠져나가는 천체에요. 혜성은 카이퍼 띠나 오르트 구름에서 왔는데, 이 천체들은 보통 목성형 행성의 중력 때문에 궤도를 이탈하면서 혜성이 되죠.

혜성은 불행한 사건의 전조로 여겨지곤 했어요. 대부분의 고대 문명에서는 하늘에서 천체가 어떻게 움직이는지를 보고 미래를 예측했죠. 별이나 행성에 변화가 생기면 지구에도 문제가 생긴다는 뜻이었답니다!

오늘날에는 사람들이 혜성 관측을 신나는 취미로 생각하죠. 우리는 이제 혜성이 어떤 존재인지 알고 언제 태양계 안쪽으로 들어오는지도 알아요. 천문을 관찰하는 사람들에게는 특별한 천문 현상이죠.

혜성의 구성 요소

혜성이 태양에 가까이 오면(약 5AU 안쪽으로) 바깥쪽의 얼음이 수증기로 변해요. 남은 암석과 얼음 덩어리는 혜성의 핵이 되고, 증발된 기체는 혜성의 대기권인 코마가 돼요.

혜성과 태양의 거리가 약 1AU 미만으로 가까워지면 혜성에는 2개의 꼬리가 생겨요. 이 꼬리는 혜성이 태양과 가장 가까워졌을 때 가장 길고 또 밝게 빛나죠.

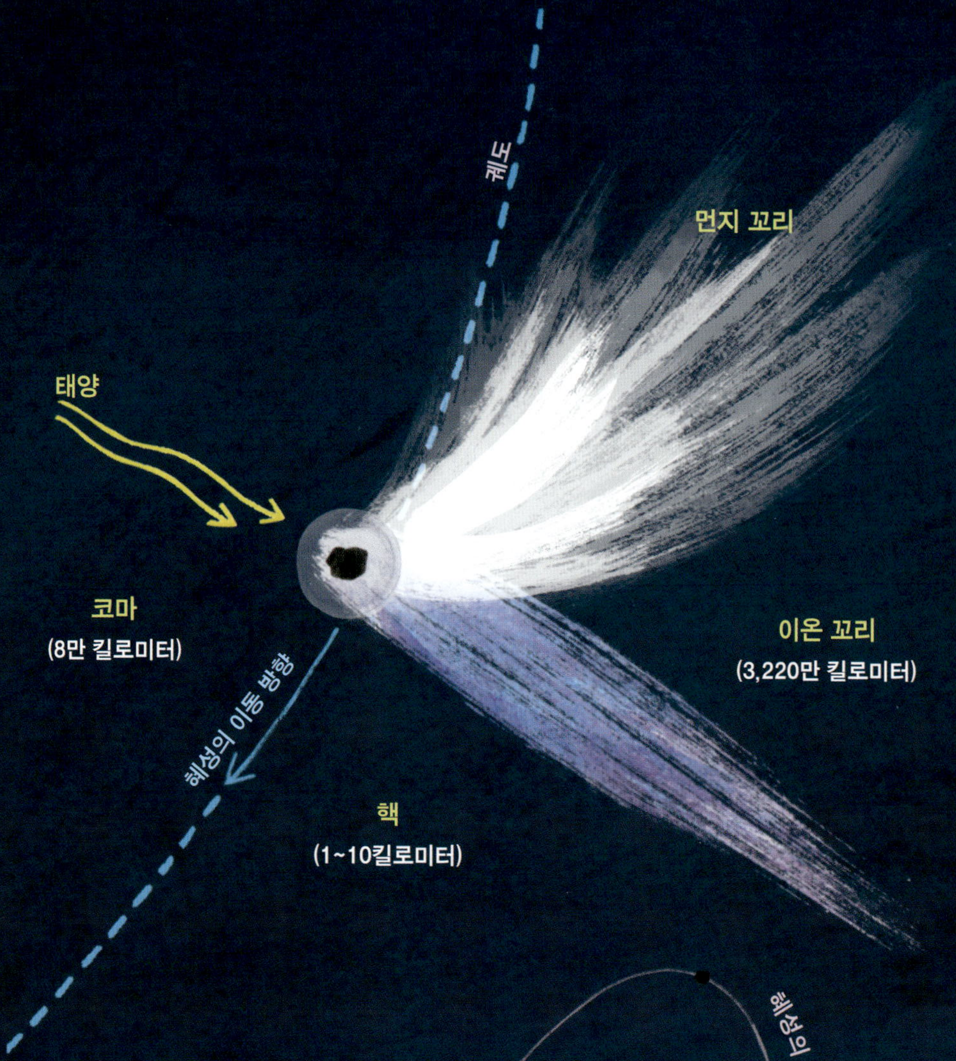

혜성의 한가운데에는 뭐가 있을까요? 혜성 67P/추류모프-게라시멘코의 핵은 소행성과 무척 비슷해요. 줄무늬는 혜성이 녹으면서 분출된 기체와 먼지 때문에 생겼죠.

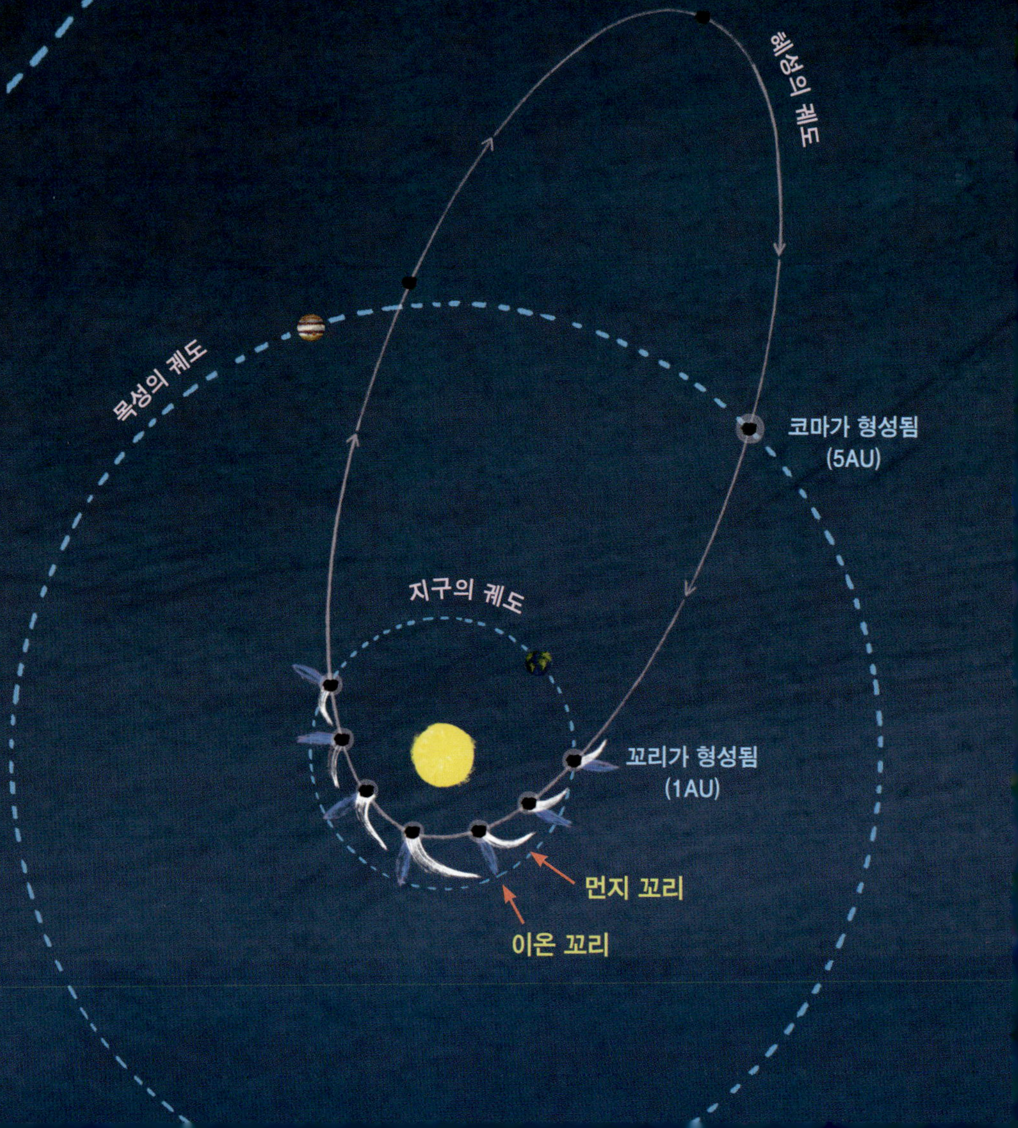

이온 꼬리(가스 꼬리, 플라스마 꼬리라고도 불리는)는 혜성의 대기에서 온 이온화된 기체에서 만들어져요. 이온 꼬리는 태양풍 속의 자기력에 의해 모양이 만들어지며 언제나 태양의 반대쪽을 향해 뻗어 있죠.
먼지 꼬리는 혜성의 핵에서 얼음이 녹으면서 흘러나온 먼지 입자에서 만들어졌어요. 이 입자들은 무척 가벼워서 태양 광선에도 밀려날 정도랍니다! 먼지 꼬리는 태양으로부터 멀리 떨어지며 혜성의 궤도를 따라 구부러져요.
하지만 먼지 가운데 일부는 무거워서 태양 광선에 밀려나지 않고 혜성의 궤도 안에 머물죠. 이때 지구의 궤도가 혜성의 궤도와 겹친다면 이 먼지 입자들이 유성이 돼요(8쪽 참고).

장거리 여행자들

오르트 구름에서 온 혜성들은 궤도가 무작위적이어서 여기저기 모든 방향에서 올 수 있죠. 이 혜성들이 궤도를 한 번 도는 데는 보통 수천 년이 걸려요.
카이퍼 띠에서 온 혜성들은 태양계의 행성들과 같은 궤도 평면에서 같은 방향으로 궤도를 돌아요. 궤도를 도는 여정은 200년이 채 걸리지 않죠. 지금까지 3,500개 넘는 혜성들이 발견되었어요. 대부분의 혜성은 태양계의 먼 끄트머리에 머무르며 태양 가까이에 오지 않아요. 그래서 꼬리를 길게 늘어뜨리지도 않고, 그걸 보고 미

신을 믿는 사람들이 겁을 먹지도 않죠 (혜성의 꼬리는 불운을 가져온다는 미신이 있답니다).
대혜성은 맨눈으로도 관찰이 가능해요. 어떤 혜성이 대혜성인지의 여부는 크기나 조성, 태양이나 지구와의 거리에 따라 결정되죠. 어떤 혜성이 대혜성인지 예측하는 일은 천문학자들에게도 무척 어려워요. 평균적으로 대혜성은 약 10년마다 1번씩 지구를 지나치죠.

혜성을 관찰하는 방법

어떤 혜성이 지구에 가까이 다가온다면 아마 뉴스에 소식이 다뤄질 거예요. 시간이 지날수록 혜성이 주변 별들과 이루는 상대적인 위치가 달라지죠. 인터넷에서 찾아보면 혜성이 지금 별자리들 가운데 어느 위치에 있는지와 뜨는 시간과 지는 시간이 언제인지를 알 수 있어요. 혜성의 꼬리는 마치 발사된 것처럼 보이지만 사실은 행성들과 마찬가지로 태양 주위를 천천히 돌고 있는 중이랍니다.
맑은 날이면 밖으로 나가 혜성을 관찰하고 여러분의 천문학 노트에 그려 보세요. 혜성의 꼬리가 늘어나거나 수축하고 모양을 바꾸는 모습을 볼 수 있을 거예요.

혜성을 가리키는 단어 'comet'은 그리스어 단어인 'aster kometes(아스테르 코메테스)'에서 왔어요. '털이 많은 별'이라는 뜻이죠.

1997년에 관측된 대혜성인 헤일-봅 혜성이에요. 푸른색 꼬리가 이온 꼬리이고 노란색 꼬리는 먼지 꼬리에요.

마지막 대혜성은 2007년에 관측되었던 C/2006 P1(맥너트) 혜성이었죠. 남반구에서만 보였지만요. 이 사진은 맥너트 혜성의 아름다운 먼지 꼬리가 흩어지는 장면을 담았어요. 먼지가 태양풍과 상호작용을 하면서 펼쳐진 띠가 보이죠. (오른쪽의 빛나는 천체는 달이에요.)

또 다른 태양과 태양계들

오늘날 대부분의 별들은 태양계를 이룬다고 여겨져요. 천문학자들은 우리 태양이 아닌 다른 별의 주위를 도는 행성을 **태양계외행성**이라고 부르죠. 밤하늘에서 태양계외행성을 찾는 건 무척 어려워요. 별은 크고 밝기 때문에 그 옆에 자리하는 행성들은 거의 보이지 않거든요. 그래도 천문학자들은 수천 개의 별들에 대해 그 주위를 도는 태양계외행성들을 찾아냈어요. 다음은 이런 행성을 발견하는 주된 방법 4가지예요.

★ 천체 통과 행성이 그 앞을 통과할 때 밝기가 흐려지는 별을 찾아요.

★ 영상을 활용 다양한 색으로 빛나는 별을 찾은 다음 컴퓨터 이미지 프로세싱을 활용해 별빛을 차단해요 (아래 사진).

★ 도플러 효과를 활용 행성이 별 주위를 도는 과정에서 밀고 당겨져서 이동 속도가 바뀌고 있는 별을 찾아요.

★ 마이크로렌즈를 활용 멀리 떨어진 별 가운데 또 다른 별이나 행성이 앞을 지날 때 더 밝게 빛나는 별을 찾아요. 근처의 별과 행성이 가진 중력이 이 별에서 나오는 빛을 확대하는 렌즈처럼 작용하기 때문에 이런 효과가 생기죠.

그동안 과학자들이 발견한 다른 태양계들은 대부분 우리 태양계와 매우 달라요. 다른 태양계에는 무척 큰 지구와 작은 해왕성, 태양과 가까운 목성형 행성들도 있지만요. 하지만 우리의 태양계가 앞선 여러 방법들을 통해 발견되기 어렵기 때문에 우리 태양계가 평범한지 특이한지는 아직 알 수 없어요.

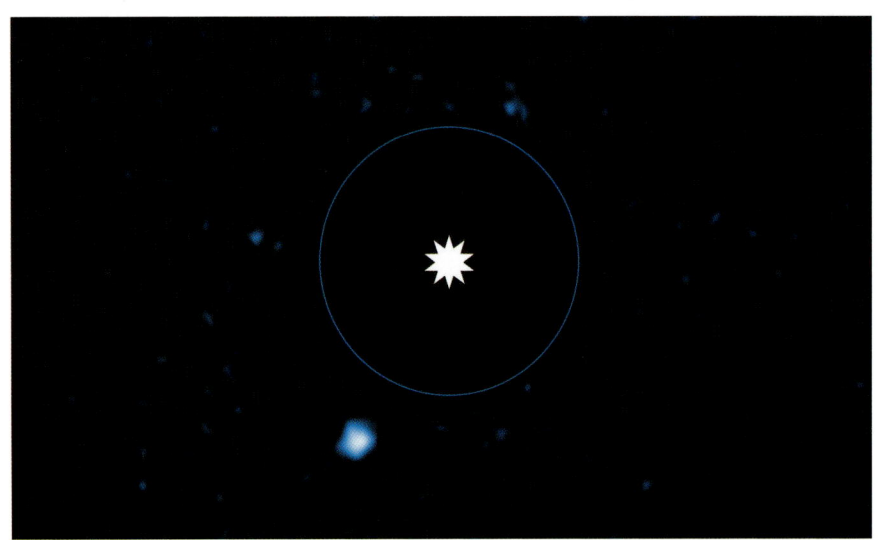

이 이미지는 HD 95086이라는 **별**의 밝은 빛을 컴퓨터 작업으로 제거한 결과물이에요. 그러자 HD 95086 b라고 불리는 이 별의 **행성**이 드러났죠. 흰색 별 표시는 HD 95086의 위치를 나타내며 별을 둘러싼 푸른색 원은 30AU의 반경이에요. 태양에서 해왕성까지의 거리와 비슷하죠.

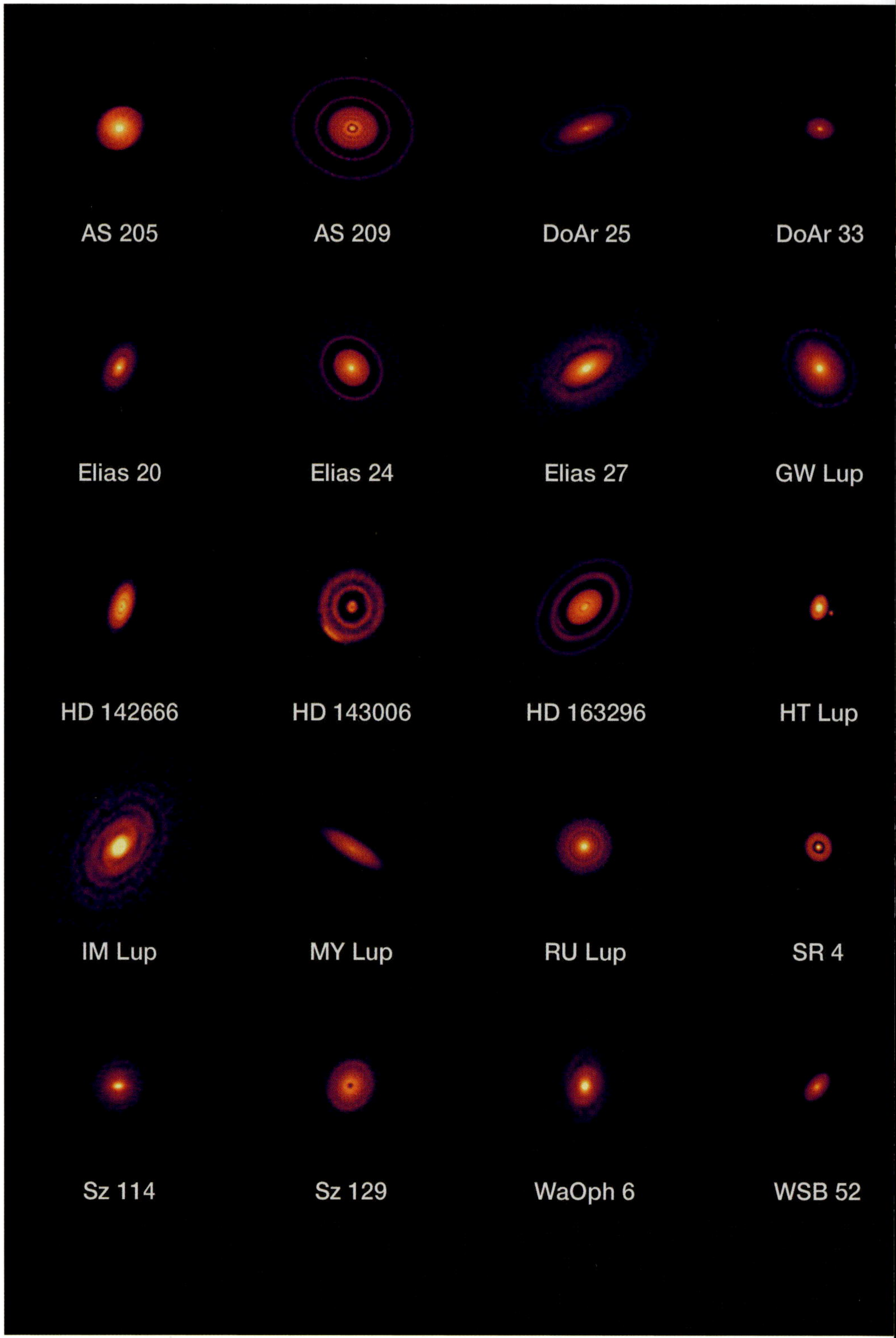

여러 별들을 둘러싼 원시행성계 원반을 전파 망원경으로 관찰해서 찍은 사진이에요. 천문학자들은 사진에서 어두운 공간이 행성 형성 과정에서 만들어진 원반의 틈새일 것이라고 생각해요.

자세히 살펴보기

행성들

달과 마찬가지로 금성 역시 태양 주위를 공전하면서 모양이 바뀌어요. 특정 시간에 쌍안경으로 관찰하면 초승달 모양의 금성을 선명하게 볼 수 있죠. 수성 역시 위상이 달라지지만 행성의 크기가 너무 작아서 우리 밤하늘에서는 보이지 않아요.

하지만 외행성들은 위상이 바뀌지 않죠. 외행성을 관찰하기에 가장 좋은 시점은 충일 때에요(64쪽 참고). 쌍안경으로 관찰하면 화성은 오렌지색 별로 보이죠. 그렇지만 근처의 다른 별과 비교해 보면 빛의 점이라기보다는 원반처럼 보일 거예요.

2010년 7월부터 2012년 1월까지 태양 주위를 도는 금성의 전체 위상 변화를 보여 주는 합성 사진이에요.

쌍안경이나 작은 망원경으로 관찰한 목성과 그 위성들이에요. 모행성과 함께 위성들이 일렬로 서 있죠. 이들 천체는 매일 위치가 달라져요.

1997년에 관찰된 대혜성 헤일-봅은 무려 18개월 동안 맨눈으로 보였답니다. 혜성의 꼬리가 하늘 위로 길게 드리웠죠.

목성의 위성들

목성 역시 원반처럼 보일 거예요. 화성보다는 조금 더 크겠지만요. 50밀리미터 쌍안경으로 보면 목성의 가장 큰 위성인 이오, 유로파, 가니메데, 칼리스토를 발견할 거예요. 쌍안경이 더 작거나 이 위성들이 목성에서 꽤 멀리 떨어져 있는 상황에서도 관찰돼요.

며칠 동안 목성을 관찰하고 목성의 위성들이 어떻게 움직이는지 그려 보세요. 어플이나 웹사이트를 참고하면 어떤 천체가 어떤 위성인지 알 수 있어요.

금색 토성

배율이 10 이상인 쌍안경으로 보면 금성은 금색 타원으로 보여요. 쌍안경의 배율이 낮아지면 원에 가깝게 보이지만요. 하지만 토성의 고리를 선명하게 보려면 망원경이 필요하답니다.

행성 파티

두 행성이 합의 위치에 오면 쌍안경의 시야 안에서 두 천체를 같이 관찰할 수 있어요.

대혜성

몇몇 혜성은 쌍안경이나 망원경이 있어야만 관찰할 수 있어요. 쌍안경으로 보면 이런 혜성은 흐릿하게 빛나는 공처럼 보이죠. 대혜성이라면 맨눈으로도 볼 수 있답니다. 하지만 혜성의 코마와 꼬리 같은 흥미로운 구성 요소들을 자세히 보려면 쌍안경이 있어야 겠죠.

별과 별자리

5

맑고 어두운 밤하늘에는 약 4,500개의 별이 보여요.
물론 대부분의 사람들은 그렇게 많은 별을 관찰할 수 없지만요!
구름이나 달, 환한 인공 불빛이 희미한 별들을 안 보이게 가리죠.
여러분이 보통의 교외 지역에 산다면
빛 공해 때문에 450개 정도의 별밖에 볼 수 없어요.
대도시라면 약 35개밖에 못 보죠.
그래도 별과 별자리에 대해 배우는 데엔 문제가 없지만요!

별은 얼마나 밝을까?

별은 우리 태양이 그러는 것처럼 핵융합에 의해 스스로 빛을 내요. 그런데 어째서 어떤 별은 밝고 어떤 별은 희미할까요? 별의 밝기는 2가지 요인에 달렸어요. 하나는 별의 진짜 밝기이고 다른 하나는 별이 우리와 떨어진 거리이죠. 원래 희미한 별이라도 우리와 가까우면 원래 밝지만 먼 별보다 더 밝아 보일 수 있어요.

먼 옛날 그리스의 천문학자 히파르코스(기원전 약 190~120년)는 별을 밝기에 따라 6개의 집단으로 나누었어요. 오늘날의 천문학자들은 여전히 이 체계를 따르죠.

1등급의 별은 해가 진 직후에도 보이는 가장 밝은 별들이죠. 그리고 6등급의 별은 맑고 달이 보이지 않으며 도시의 인공 불빛이 없을 때만 겨우 관찰되는 가장 희미한 별들이에요. 우리가 관찰할 수 있는 가장 희미한 별은 6.5등급이죠.

오리온자리의 별들

✹	0등급	마차부자리의 카펠라
✦	1등급	쌍둥이자리의 폴룩스
✶	3등급	북극성
✦	4등급	큰개자리의 고메이사
♦	5등급	독수리자리의 입실론

밤하늘에서 가장 밝은 별 8개

별 이름	별자리	반구
태양	---	---
시리우스	큰개자리	양반구
카노푸스	용골자리	남반구
리길 켄타우루스	켄타우루스자리	남반구
아르크투루스	목동자리	양반구
베가	거문고자리	북반구
카펠라	마차부자리	북반구
리겔	오리온자리	양반구

 별이 어째서 다양한 색깔을 갖는지 궁금한가요? 117쪽을 참고해요.

별들은 밤에 어떻게 이동할까?

수정구가 지구를 둘러싸고 있으며 그 위에 모든 별자리들이 그려져 있다고 상상해 봐요. 옛날 사람들은 하늘을 이렇게 상상했답니다. 이것은 아직까지도 별의 움직임을 머릿속에 그리는 데 좋은 모형이고요. 지구는 서쪽에서 동쪽으로 자전하기 때문에, 별자리는 동쪽에서 서쪽으로 움직이는 것처럼 보여요. 별들은 천구의 극을 중심으로 도는 것처럼 보이죠. 지구가 자전하는 동안 천구의 극과 가까운 별들은 작은 원을 그리며 회전해요. 천구의 적도와 가까운 별들은 큰 원을 그리는 것처럼 보이고요.

북극성

소북두칠성의 손잡이 끝에 자리한 별인 북극성은 **천구의 북극에서 0.5도 떨어져** 있어요. 그래서 이 별은 밤하늘에서 거의 움직이지 않죠. 다른 별들이 움직이는 동안에도 항상 북쪽을 지키기 때문에 '북극성'이라는 이름이 붙었어요.

천구의 북극 (NCP)

북극성

황도

천구의 적도

천구의 남극 (SCP)

태양과 마찬가지로 별들은 동쪽에서 서쪽으로 이동하는 것처럼 보이죠. 하지만 사실은 지구가 서쪽에서 동쪽으로 자전하기 때문에 그렇게 보일 뿐이랍니다.

모든 별들은 극 주위를 돌아요. 그리고 극과 가까운 별들은 보다 작은 원을 그리며 돌죠. 몇몇 별들은 지평선 아래로 지지 않기도 해요. 이런 별들을 **주극성**이라고 부르죠.

별의 이동 경로

별의 이동 경로는 천구에서 별이 어디에 있는지에 따라 달라져요. 예컨대 천구의 적도에 있는 별은 정동에서 떠서 정서로 지고 12시간 동안 지평선 위에 머무르죠.

또 황소자리에서 '황소의 눈'이라 불리는 별인 알데바란은 천구 적도의 북쪽에 있어요. 이 별은 북동쪽에서 떠서 북서쪽으로 지죠. 북반구에서는 12시간 이상 지평선 위에 머물러요.

작은개자리의 별인 시리우스는 천구 적도의 남쪽에 있어요. 이 별은 남동쪽에서 떠서 남서쪽으로 지죠. 북반구에서는 지평선 위에 머무르는 시간이 12시간 미만이에요.

이런 설명은 어쩌면 친숙하게 들릴지도 몰라요! 태양의 이동 경로 역시 1년 동안 계속 바뀌죠. 6월에는 천구 적도의 북쪽에 있다가 12월에는 천구 적도의 남쪽으로 움직여요. 별들이 천구 적도의 북쪽과 남쪽으로 이동하는 것과 같은 경로를 따르죠.

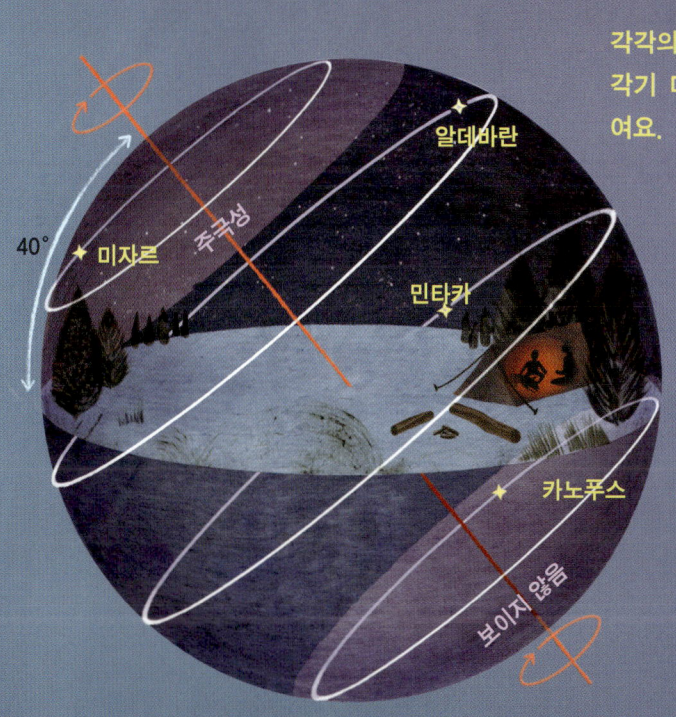

각각의 별들은 하늘에서 각기 다른 경로로 움직여요.

별과 별자리

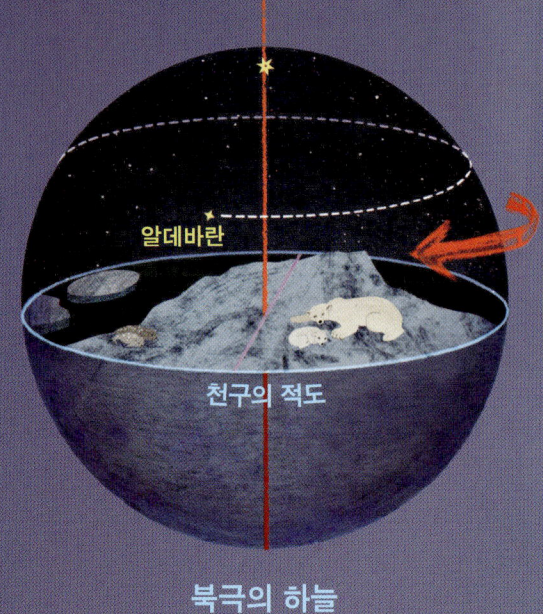

북극의 하늘

북위 40도의 하늘

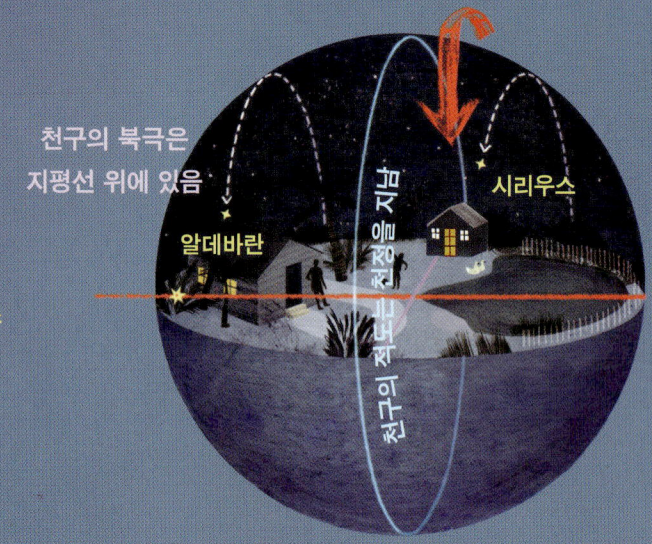

적도의 하늘

위도의 변화에 따른 별의 움직임

지구의 여러 장소에서 태양의 이동 경로가 각각 달라 보인다는 사실을 알 거예요. 별 역시 마찬가지죠. 먼 북쪽 지방에서는 북극성이 하늘에 높이 떠 있어요. 그리고 먼 남쪽 지방에서는 하늘에 낮게 떠 있죠. 적도 남쪽의 관찰자에게는 북극성이 아예 보이지 않고요. 천구의 북극과 지평선 사이의 각도는 여러분이 있는 곳의 위도와 같아요(북위). 반면에 남반구에서는 천구의 남극과 지평선이 이루는 각도가 여러분이 있는 곳의 위도와 같죠(남위).

천구의 적도는 언제나 극과 90를 이뤄요. 여러분의 눈에는 보이지 않더라도 하늘을 가로질러 동쪽에서 서쪽으로 이어지는 호가 천구의 적도에요. 천구의 적도는 90도에서 여러분이 있는 곳의 위도를 뺀 값만큼 기울어져 있죠. 지구가 자전하면서 별들은 극을 중심으로 빙 도는 것처럼 보여요. 이때 천구의 적도와는 평행으로 움직이죠.

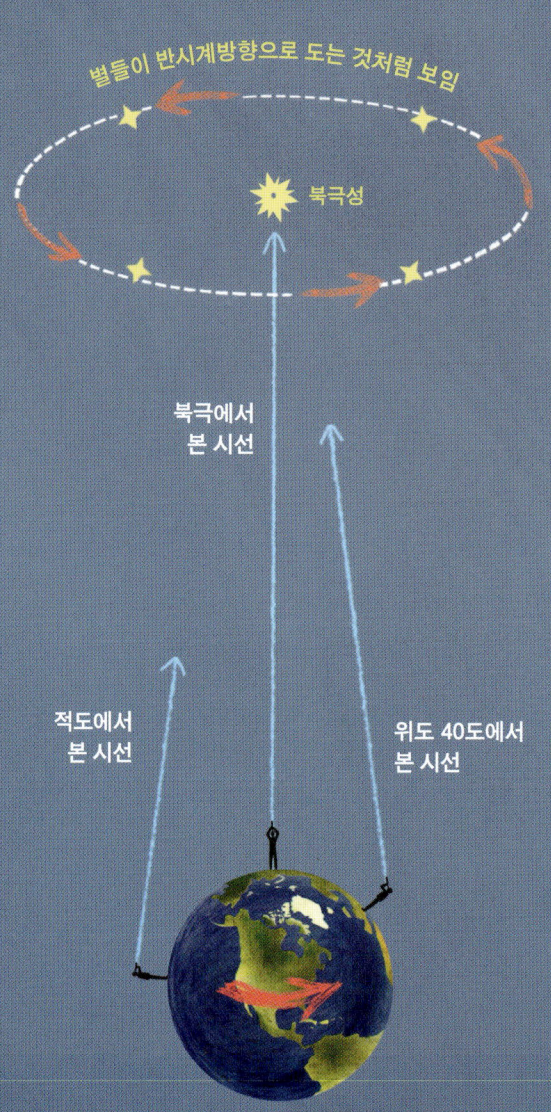

92 별과 별자리

새로운 곳에 가면 새로운 별이

별 가운데는 여러분이 사는 곳의 지평선 위로 결코 떠오르지 않는 별들도 있어요. 고대 그리스의 천문학자들은 이집트에 가려고 남쪽으로 여행하는 동안 북극성이 하늘에 보다 낮게 뜰 뿐 아니라 그리스에서는 보이지 않았던 새로운 별이 보인다는 사실을 깨달았어요. 천문학자들은 카노푸스라는 이름의 이 새로운 별이 지구가 둥근 구체라는 사실을 알려 준다는 점을 깨달았죠.

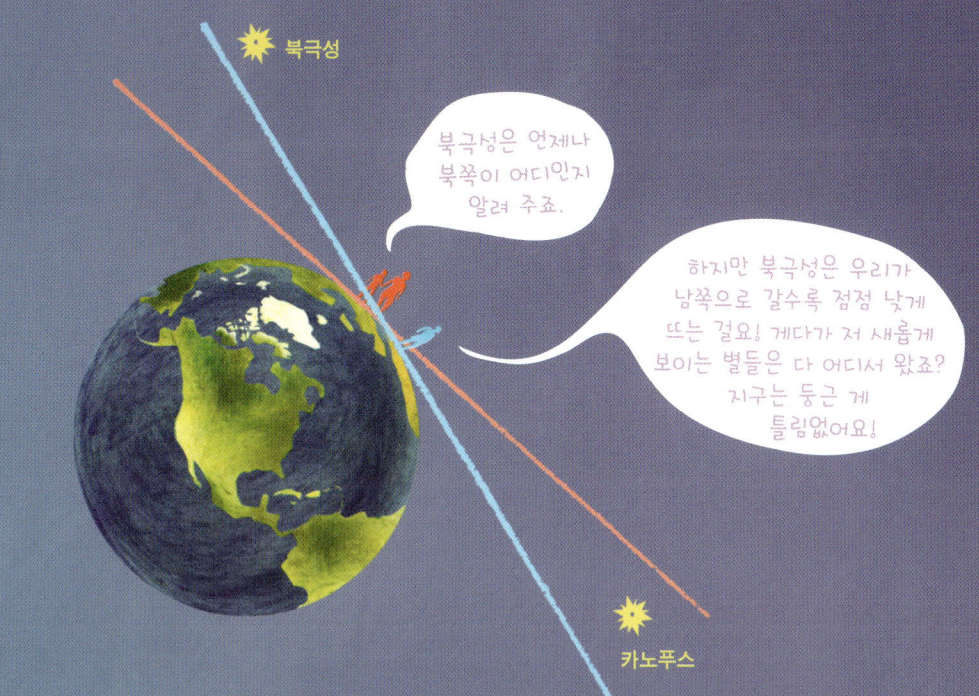

'위'라는 건 뭘까요? 여러분이 서 있는 곳의 '위'가 지구상 다른 장소의 다른 사람들에게는 다른 방향으로 보여요. 우주에서는 중력이 없어서 위나 아래도 없고요.

탐험가들은 어떻게 별을 보고 방향을 찾았을까?

유럽에서 북아메리카로 처음 항해할 때 사람들은 북극성을 활용해 길을 찾았어요. 대서양을 따라 서쪽으로 항해하다가 육지가 전혀 보이지 않게 되면 북극성의 고도를 측정했죠.

이들이 버지니아 주의 제임스타운까지 항해하고 싶었다면 북극성의 고도가 제임스타운의 고도인 37.2도와 같아지는 곳까지 북쪽이나 남쪽으로 나아갔을 거예요. 오른쪽으로 계속 북극성을 보면서 육지를 발견할 때까지 항해했겠죠.

따라해 봐요
별을 활용해 남쪽과 북쪽 찾기

먼 옛날 선원들처럼 여러분도 별과 별자리를 이용해
여러분이 나아갈 방향을 찾을 수 있어요.

북반구에서 북극성은 언제나 북극 바로 위의 하늘에 떠 있어요. 이 별은 밝기가 중간 정도지만 일단 큰곰자리의 북두칠성을 찾으면 북극성을 찾는 데 도움이 되죠.

남반구에서 남극 바로 위 하늘에는 '남극성'이 없어요. 남십자성에서 바깥쪽으로 선을 그으면 남극을 찾을 수 있죠.

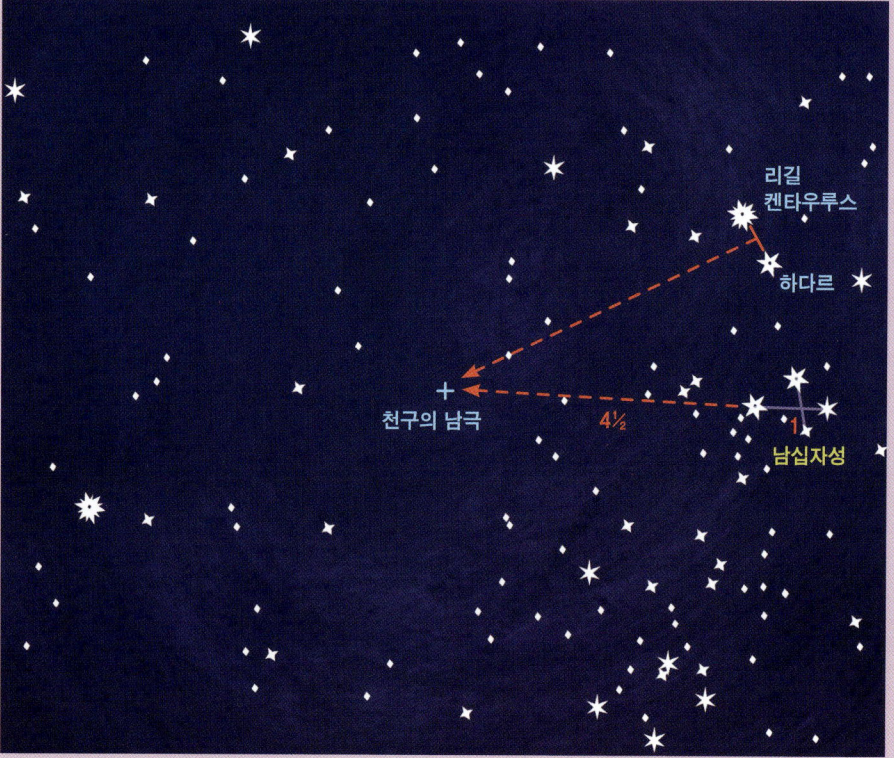

1 북두칠성을 찾아요. 북두칠성은 밤하늘에서 가장 밝은 성군(정식으로 별자리라고 인정받지는 못했지만 특정 모양을 이루는 별들의 무리)이라서 대부분의 장소에서 볼 수 있죠.

2 북두칠성의 우묵한 국자에서 먼 끄트머리의 별 2개를 지극성이라고 불러요. 이 두 별을 길게 연결해서 선을 연장하면 북극성에 닿죠.

3 두 지극성과 북극성 사이의 거리는 30도(주먹 3개)예요. 두 지극성 사이 거리의 5배죠.

1 남십자성이라고 알려진 별자리는 남반구 대부분의 지역에서 주극성이에요. 10월과 11월 사이에는 하늘에 꽤 낮게 떠 있죠. 십자가의 긴 막대기 끝은 천구의 남극(SCP)을 가리켜요.

2 십자가의 머리와(가크룩스) 아래 발치(아크룩스) 사이의 거리를 재고 그 거리의 4.5배를 연장하면 천구의 남극을 찾을 수 있어요. 천구의 남극은 십자가의 발치와는 25도(주먹 2.5개), 십자가의 머리와는 30도(주먹 3개) 떨어져 있어요.

3 켄타우루스자리에서 가장 밝은 두 별인 리길 켄타우루스와 하다르는 지극성, 또는 하얀 지극성이라고 불려요. 두 별은 천구의 남극이 어디 있는지 방향을 가리키죠. 두 지극성 사이로 가상의 선을 그은 다음 직각 방향으로 선을 죽 그어요. 천구의 남극은 지극성에서 약 30도(주먹 3개) 거리에 있어요.

 밤하늘에서 천체에 대해 어떻게 측정할까요? 13쪽에서 설명한 우주 각도기를 쓰면 돼요!

왜 사람들은 별자리를 만들었을까?

사람들은 사물에서 패턴을 잘 찾아요. 구름을 보고 배나 양을 찾아내죠. 그림자를 보고 무서운 괴물이라고 상상하기도 해요. 그리고 별들을 보면 패턴으로 엮어 이야기를 꾸미죠.

먼 옛날 사람들은 밤하늘을 보면서 별들이 태양이나 달, 행성들처럼 떴다가 진다는 사실을 알게 되었어요. 그리고 별들이 서로 무리를 이루어 함께 밤하늘을 가로지른다는 사실을 발견했죠.

우리 조상들은 밤하늘에 보이는 별들을 이어 그림을 만들고는 사연을 지어냈어요. 그러면 그 별들이 언제 어디에 뜨는지 기억하기도 쉬웠어요. 별자리의 상당수는 서로 가까이 있기 때문에 서로 엮어 이야기를 만들 수 있었죠.

사냥꾼인 오리온자리는 황소자리를 향해 무기를 휘두르는 모습이에요.

천문학 노트 Astronomy Notebook
나만의 별자리 만들기 ★

어떤 사람들은 오리온자리의 별들을 보고 사냥꾼이 아니라 카누를 닮았다고 생각해요. 여러분만의 새로운 방식으로 별자리를 다시 만들면 어떨까요?

1 이 장의 뒷부분에 나오는 사계절의 별자리도 가운데 하나를 골라 별들만 여러분의 공책에 옮겨 그려요.

2 다 그렸으면 결과물을 한동안 살펴보세요. 별들 사이에 뭔가 그림이 보이나요? 점들을 이어 모양을 만들고 이름을 붙여 봐요.

3 이제 여러분의 별자리에 얽힌 이야기를 만들어요.

별과 별자리

황도 12궁에 대해

밤하늘에서 황도가 통과해서 지나가는 12개의 별자리를 **황도 12궁**이라 해요. 어떤 별자리들이 포함될까요? 아마 여러분에게도 익숙할 거예요. 양자리, 황소자리, 쌍둥이자리, 게자리, 사자자리, 처녀자리, 천칭자리, 전갈자리, 궁수자리, 염소자리, 물병자리, 물고기자리랍니다.

황도는 뱀주인자리라는 별자리도 통과해요. 하지만 이 별자리는 황도 12궁에 포함되지 않았는데 그 이유는 이 별자리까지 넣으면 13개가 되고 13은 불길한 숫자였기 때문이죠.

태양은 12개의 별자리에서 각각 1달 동안 머무르며 지나가요. 달과 행성들 역시 황도 12궁을 통과하죠. 하지만 이동 속도가 무척 느리기 때문에 매일 밤 관찰하면 고정된 것처럼 보여요. 달과 행성들은 천구 위에서 별과 똑같은 모습으로 떴다가 지죠(91쪽 참고).

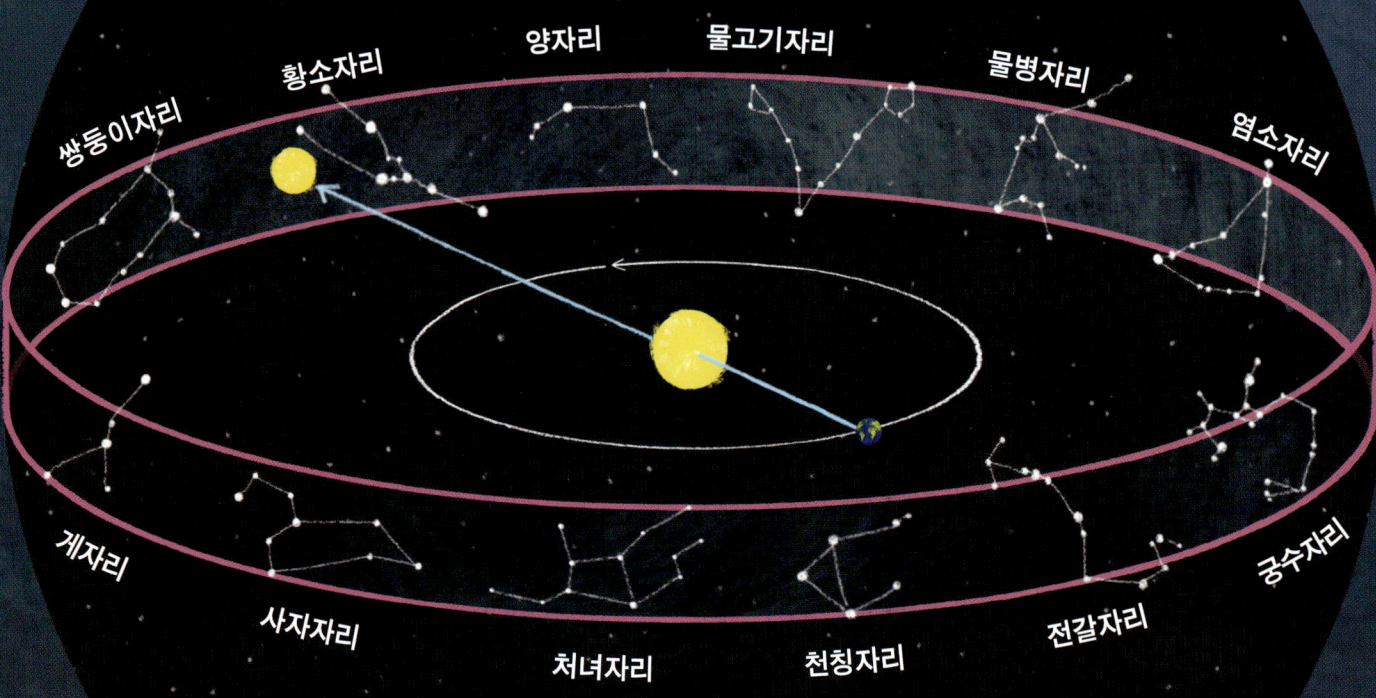

지구가 태양 주위를 돌면, 태양이 황도 12궁의 별자리를 따라 이동하는 것처럼 보이죠. 아래 그림에서 태양은 황소자리에 있어요.

12궁 별자리

점성술이란 하늘에서 별과 행성의 위치를 통해 여러분의 인생에 어떤 일이 벌어질지 예측할 수 있다는 믿음 체계예요. 바빌로니아인들, 그리고 이후의 그리스 인들은 황도를 12개의 구역으로 나누고 각각의 구역에 가장 가까운 별자리의 이름을 붙였어요. 이 구역들을 12궁 별자리라고 하죠. 여러분의 12궁 별자리는 여러분이 태어났을 때 황도에서 태양이 자리했던 별자리를 말해요. 그리고 특정 순간에 태양과 달, 행성, 별자리가 어느 위치에 있었는지를 표시한 그림을 천궁도라고 해요.

계절에 따른 별자리의 변화

3장(태양)에서 우리는 지구가 태양 주위를 돌면서 계절이 어떻게 바뀌는지를 알아봤어요. 별도 계절에 따라 달라진답니다. 지구가 태양 주위를 도는 동안 별들은 같은 자리에 머무르죠. 그래서 계절이 바뀌면 관찰할 수 있는 별도 달라져요.

6월에는 지구와 태양의 맞은편에 전갈자리가 있고 정반대쪽에는 황소자리가 있죠. 그러면 우리가 보기에 황소자리는 낮 하늘에서 태양의 밝은 빛에 숨어 보이지 않아요. 그리고 밤이 되면 전갈자리가 보이죠.

12월이면 반대가 돼요. 전갈자리가 낮 하늘에 뜨고 밤에는 황소자리를 볼 수 있어요. 지구가 태양 주위를 도는 동안 별들은 매일 4분씩 일찍 떠요. 이 4분이 더해지면 2주마다 1시간씩, 매 계절마다 6시간씩 일찍 뜨는 셈이에요.

그리스 신화에서 전갈과 오리온은 쫓고 쫓기는 관계여서 신들이 둘을 밤하늘의 반대편으로 각각 떼어 놓아야 했어요(오리온자리의 옆에는 황소자리가 있죠).

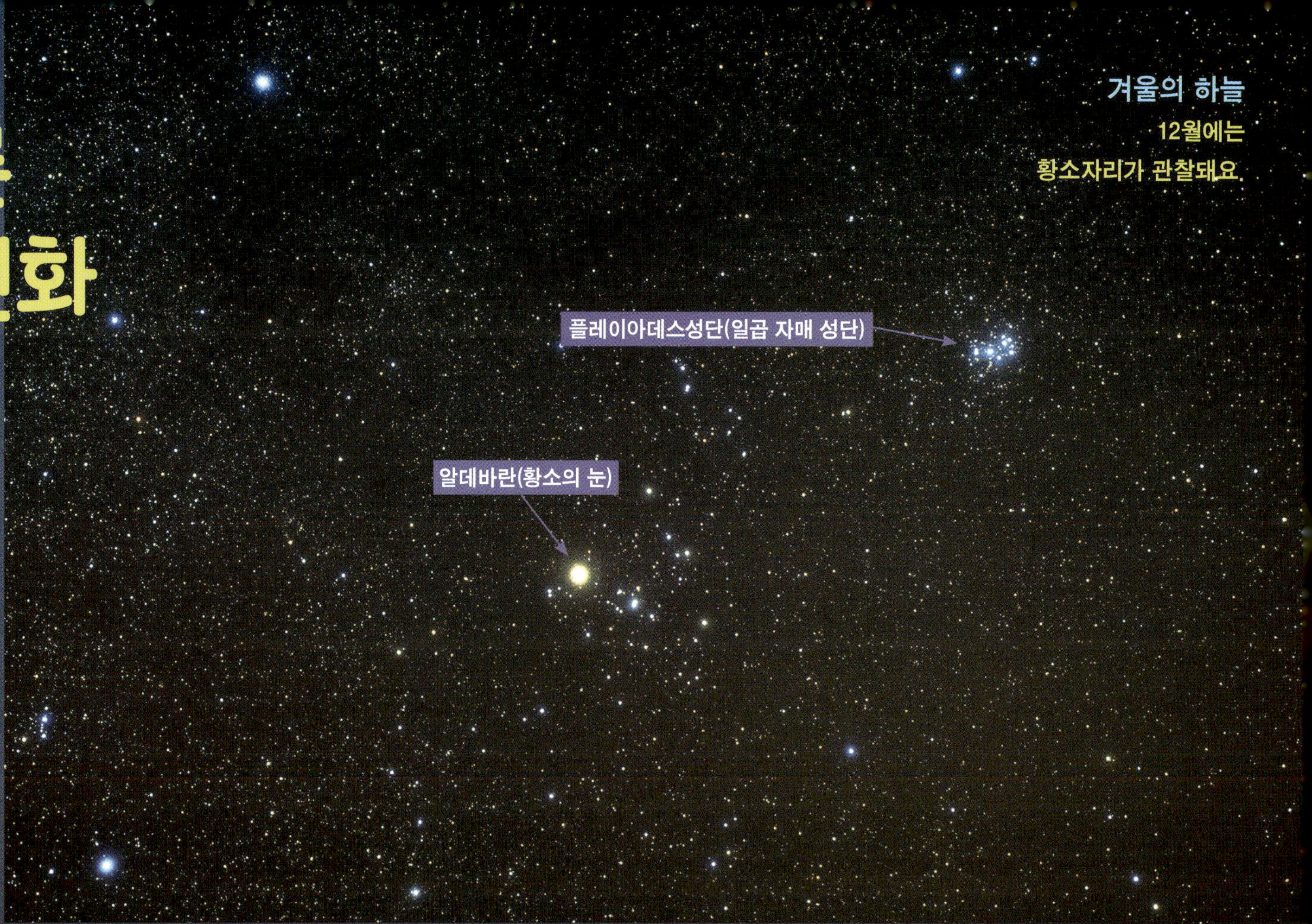

겨울의 하늘
12월에는 황소자리가 관찰돼요.

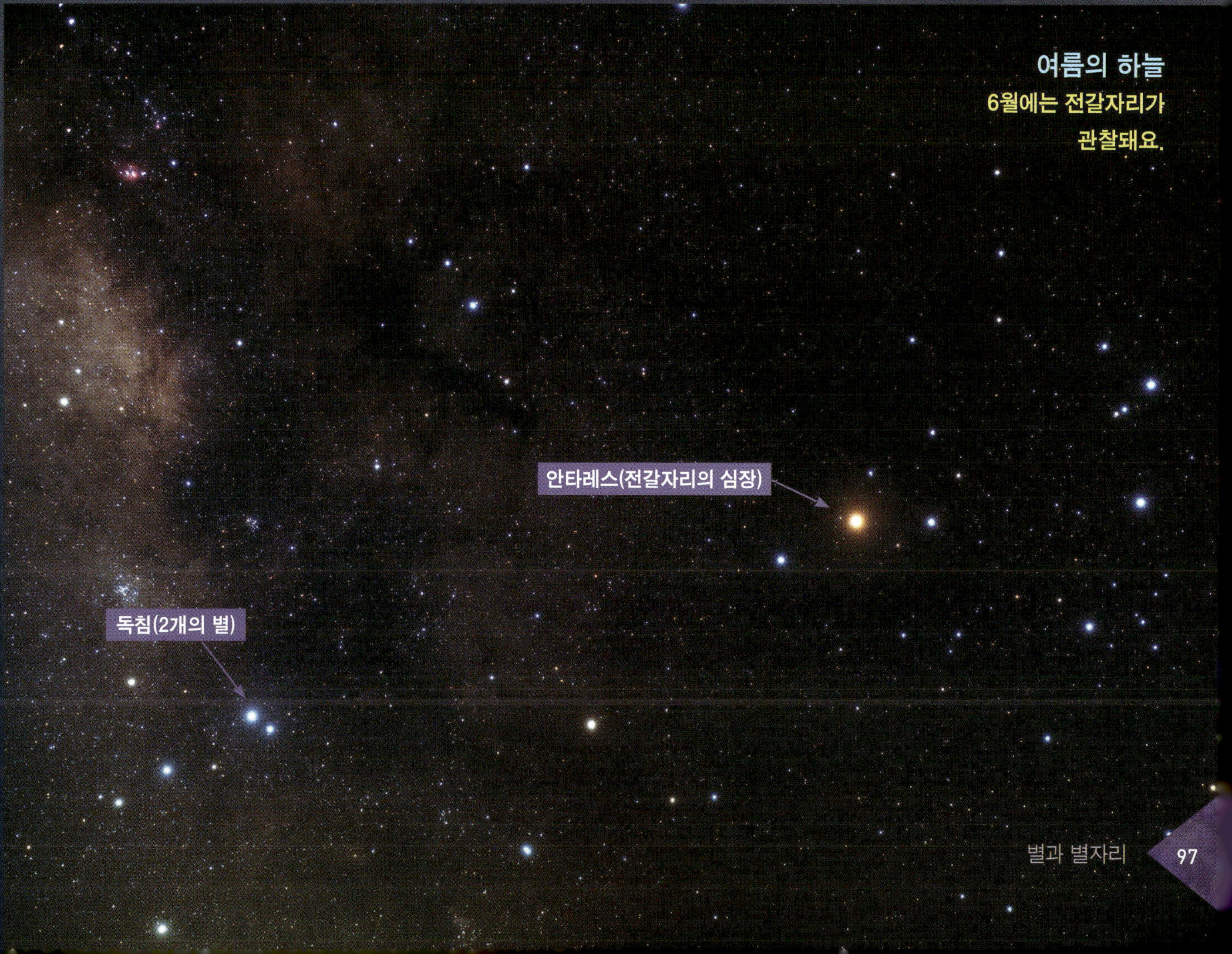

플레이아데스성단(일곱 자매 성단)

알데바란(황소의 눈)

여름의 하늘
6월에는 전갈자리가 관찰돼요.

안타레스(전갈자리의 심장)

독침(2개의 별)

별과 별자리 97

따라해 봐요
평면 천체도를 만들어요 ⭐⭐

'별자리조견반'이라고도 불리는 평면 천체도는 1년 중 언제든 참고할 수 있는 별자리도에요. 다음은 여러분이 이 도구를 사용해 혼자서 별과 별자리를 찾을 수 있는 방법이에요.

준비물
- 복사기, 또는 스캐너와 프린터
- 가위
- 카드용지 2장 또는 서류철
- 풀
- 서류철 끼우개 (선택 사항)
- 마커 또는 스티커

1 지도나 지구본, 인터넷에서 여러분이 사는 지역의 위도를 조사해요.

2 별자리도(다음 장)와 받침판(옆)을 복사하거나 스캔한 뒤 인쇄해서 테두리를 따라 잘라요. 받침판을 자를 때는 여러분이 사는 지역의 위도와 가장 가까운 숫자가 적힌 곡선을 따라 잘라내요.

3 별자리도 하나를 골라 카드용지 위에 모양대로 원을 그린 다음 테두리를 잘라요. 잘라낸 카드용지 앞면과 뒷면에 풀칠을 하고 2장의 별자리도를 앞뒤에 붙여요. 별자리도 2장에서 각 달을 표시한 선이 서로 맞게 주의하세요.

4 받침판에 카드 용지를 붙여요. 사는 지역의 위도에 맞는 선을 따라 잘라내요. 구부러진 흰색 영역도 잘라야 해요. 여기를 통해 하늘을 관찰할 거니까요!

5 받침판을 반으로 접어요. 점선 안쪽에 풀칠을 하고 날개를 접어서 앞면과 뒷면을 붙여요.

6 여러분이 북반구에 산다면 북반구의 별자리도를 앞에 오도록 받침판에 끼워서 평면 천체도를 만들어요. 반대로 남반구에 산다면 남반구의 별자리도가 앞에 오게 해요.

7 선택 사항 : 둥근 별자리도의 한가운데와 받침판 한가운데에 가위로 조심스레 구멍을 뚫어요. 두 구멍을 겹치게 하고 서류철 끼우개로 고정해요.

8 받침판을 여러분의 취향대로 꾸며 봐요!

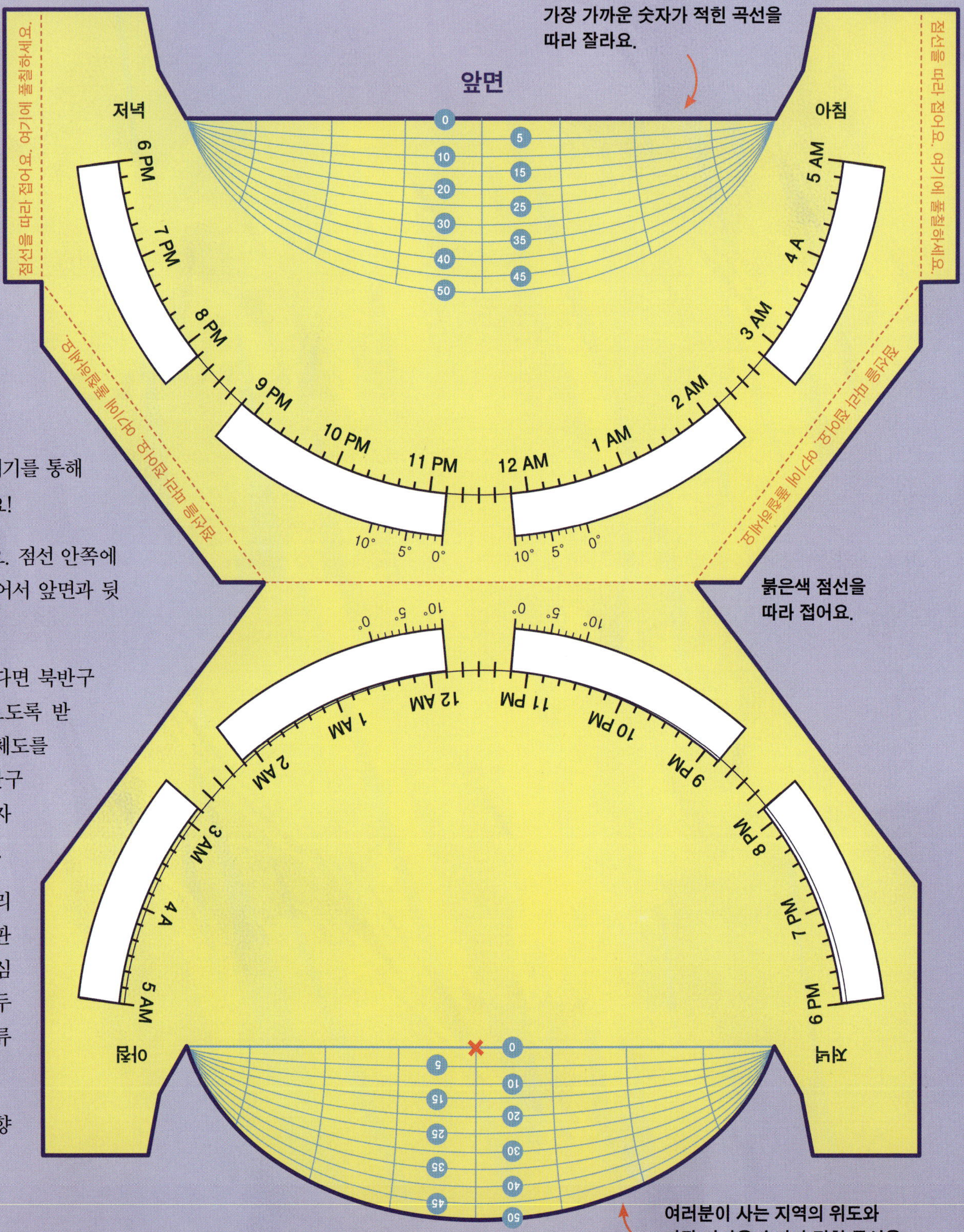

여러분이 사는 지역의 위도와 가장 가까운 숫자가 적힌 곡선을 따라 잘라요.

붉은색 점선을 따라 접어요.

여러분이 사는 지역의 위도와 가장 가까운 숫자가 적힌 곡선을 따라 잘라요.

어떻게 사용할까?

받침판의 둥그런 가장자리는 지구의 지평선을 나타내요. 북반구에서는 앞면이 북쪽 지평선이고 뒷면이 남쪽 지평선이에요. 앞쪽 지평선의 한가운데에 북쪽을 뜻하는 N을 적고 뒤쪽 지평선 한가운데에 남쪽을 뜻하는 S를 적어요.

만약 여러분이 남반구에 산다면 앞면은 남쪽 지평선이고 뒷면은 북쪽 지평선이에요. 앞쪽 지평선 한가운데에 S, 뒤쪽 지평선 한가운데에 N이라고 적어요.

여러분이 북쪽 하늘을 보고 있으면 오른쪽은 동쪽이고 왼쪽은 서쪽이에요. 그리고 남쪽 하늘을 보고 있으면 왼쪽이 동쪽이고 오른쪽이 서쪽이죠. 받침판의 위쪽 귀퉁이에 E(동쪽), W(서쪽)이라고 적어요.

특정 날짜와 시간에 하늘이 어떻게 보일지 알려면 날짜에 맞게 별자리도의 '바퀴'를 돌리고 받침판에서 시간을 맞춰요. 관찰하는 동안 가끔씩 이 장치의 시간이 현재 시간과 맞는지 다시 확인해요. '바퀴'가 저절로 돌아갈 수도 있으니까요!

붉은색 원은 황도에요. 행성과 달을 여기서 발견할 수 있어요.

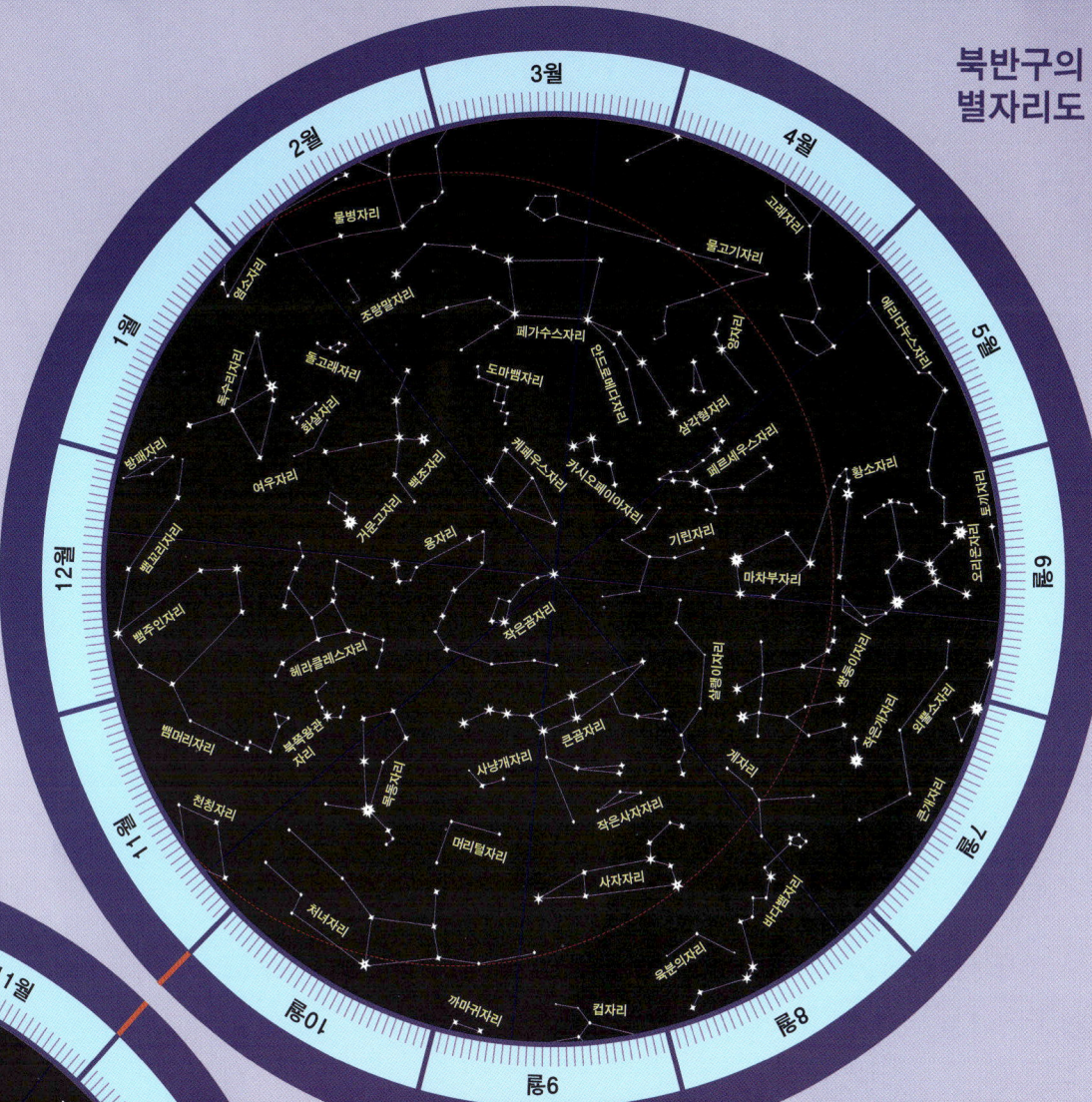

북반구의 별자리도

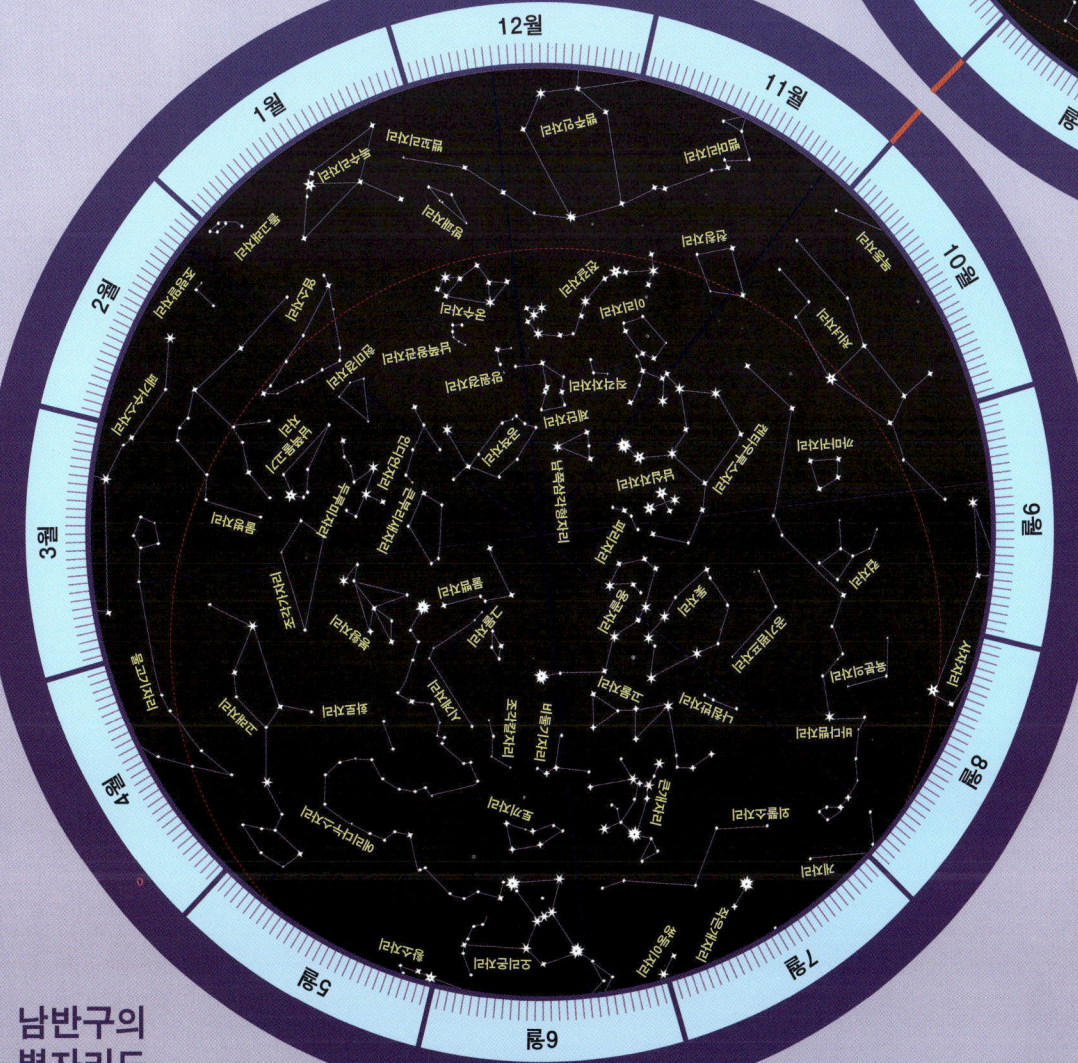

남반구의 별자리도

평면 천체도 활용하기

먼저 맑은 날 밤에 별자리도의 날짜와 받침판의 시간을 맞춰요. 어둠 속에서도 별자리도를 볼 수 있도록 붉은색 전등을 들고 밖에 나가요. 여러분의 눈이 어둠에 적응할 때까지 적어도 5분은 기다려야 해요.

별자리를 찾으려면 북쪽을 향해 선 다음 N이라고 표시한 평면 천체도의 북쪽을 앞에 둬요. 별자리도에서 크게 표시된 원은 밝은 별을 나타내요(89쪽 참고). 밤하늘의 별에서 별자리도의 별자리를 찾을 수 있나요?

이제 동쪽을 향해 선 다음 평면 천체도의 E가 아래에 오게 해요. 동쪽 하늘에서 별자리도의 별자리를 찾아봐요. 서쪽(W), 남쪽(S)에 대해서도 똑같이 해요.

머리 위의 별자리가 무엇인지 찾으려면 천정을 올려다보면서 평면 천체도를 머리 위로 들어요. 하늘에서 보이는 모습이 나올 때까지 받침판을 돌려요. 평면 천체도는 날짜와 시간이 언제든 상관없이 여러분이 사는 지역 위도의 5도 이내의 장소에서 활용할 수 있어요.

계절에 따른 별자리 관찰하기 — 북반구의 경우

다음 계절별 하늘 지도는 해 질 녘 동쪽에서 떠 밤새도록 보이는 별자리를 보여 줘요. 다른 별자리들도 볼 수 있지만요. 예컨대 바로 이전 계절의 별자리들도 머리 위에 떠서 밤이 시작될 무렵 서쪽에 자리하죠. 그 다음 계절의 별자리들은 자정 이후에 뜰 거예요.
앞에서 만든 평면 천체도를 활용해서 확인해 보세요(98~99쪽 참고).

북반구의 주극성들

북두칠성과 **소북두칠성**은 각각 **큰곰자리**와 **작은곰자리**에 속하는 성군이에요. 북두칠성의 별들을 선으로 연장하면 북극성을 찾을 수 있고요(90쪽 참고).
카시오페이아자리는 북극성을 가운데에 놓고 북두칠성의 맞은편에 있어요. 밤새 카시오페이아자리와 북두칠성은 북극성 주변을 천천히 돌죠.

북반구의 주극성들 — 용자리, 작은곰자리, 케페우스자리, 큰곰자리, 북극성, 카시오페이아자리, 페르세우스자리, 마차부자리

북두칠성은 계절에 따라 회전하면서 위치를 바꿔요.

12월

3월

6월

9월

카시오페이아자리 옆에는 케페우스자리가 있는데 앞서 알아본 다른 별자리들보다 훨씬 희미해요. 그리고 소북두칠성을 감싸 안으며 다른 별자리들 사이에 자리 잡은 용자리가 있죠.

지극성

북두칠성의 국자 안쪽을 이루는 두 별을 선으로 이어 연장하면 사자자리에서 가장 밝은 별인 레굴루스로 이어져요. 사자자리는 정말 이름대로 생긴 몇 안 되는 별자리 가운데 하나죠. 사자를 닮았거든요.

이 북두칠성의 두 별을 선으로 이어 반대쪽으로 연장할 수도 있어요. 그러면 여름의 삼각형 성군(108쪽 참고)을 이루는 푸른색의 밝은 별인 베가와 이어져요.

또 그 밖에 북두칠성의 다른 별들을 활용하면 페가수스자리와 마차부자리, 쌍둥이자리를 찾을 수 있답니다. 북두칠성 손잡이의 곡선을 호를 만들면서 둥그스름하게 이으면 목동자리에서 가장 밝은 별인 아르크투루스에 닿죠. 그리고 아르크투루스에서 호를 더 힘차게 뻗으면 처녀자리에서 가장 밝은 별인 스피카를 만날 수 있어요.

 **성군**은 보다 큰 별자리 안에 존재하며 자기만의 이름을 가진 보다 작은 별들의 무리에요.

반짝반짝 빛나는 표지판

북두칠성은 북극성을 비롯해 사자자리, 쌍둥이자리 같은 여러 별과 별자리들의 위치를 알려주는 표지판 같아요.

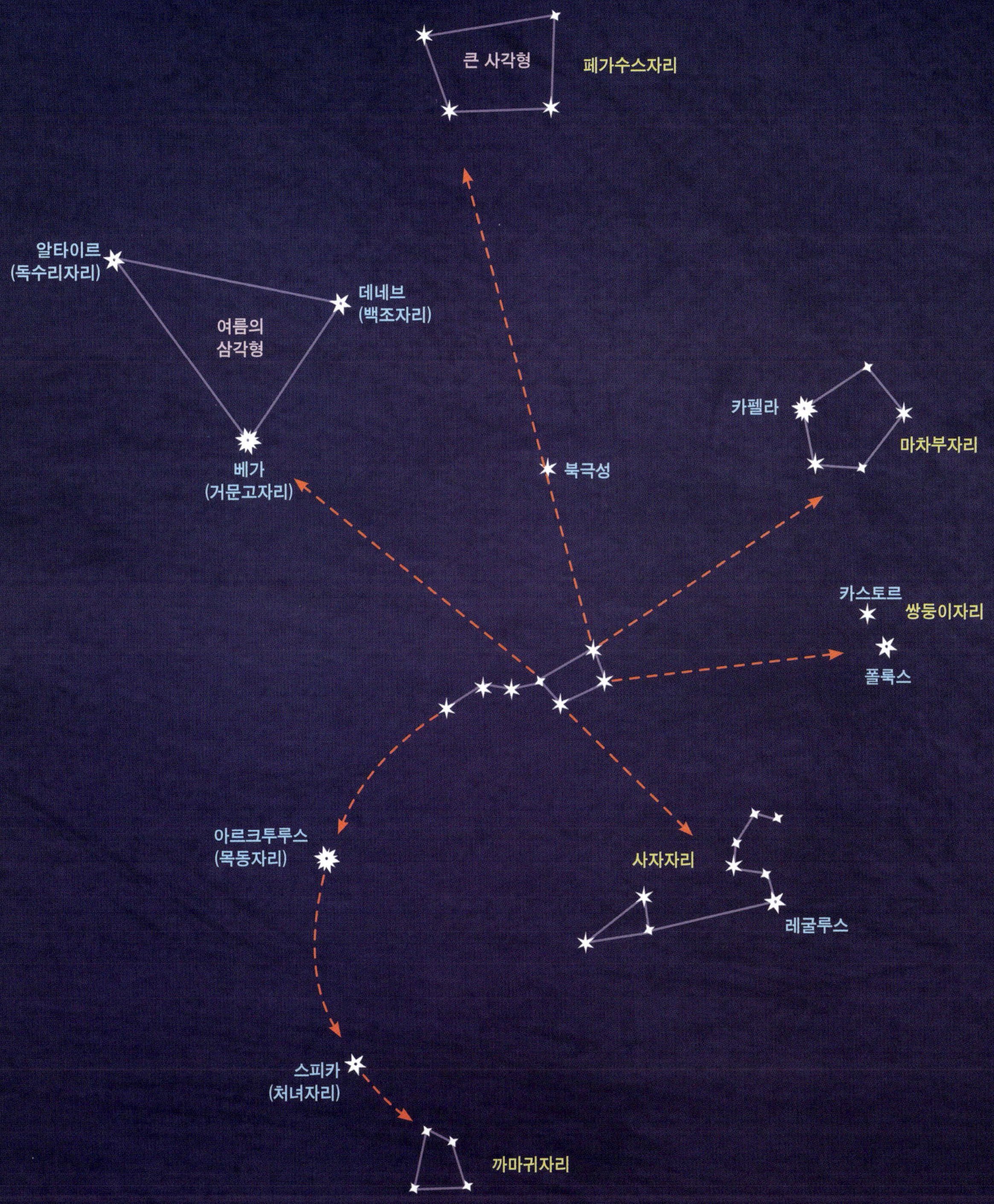

8월, 9월, 10월의 별자리들

9월 25일 오전 9시에 북위 40도 지역의 동쪽 하늘에서 관찰한 별들의 모습이에요.

9월의 밤하늘에서 가장 눈에 띄는 **별자리**는 페가수스자리, 페르세우스자리, 안드로메다자리에요.
큰 사각형 성군은 **페가수스자리** 몸통의 일부죠. **안드로메다자리**는 큰 사각형의 한쪽 모퉁이에서 비스듬하게 이어진 선상의 밝은 별 3개로 이루어졌고요. 안드로메다자리 근처에는 우리 은하의 가장 가까운 이웃인 안드로메다은하(M31)를 찾을 수 있어요.
페르세우스자리는 안드로메다자리와 **카시오페이아자리** 사이에 있답니다. 몇몇 관찰자들은 이 별자리가 쇼핑카트와 닮았다고도 해요. 쇼핑카트의 앞부분에는 페르세우스자리에서 두 번째로 밝은 별인 **알골**이 있죠.
알골 옆에는 이 별 주위를 돌고 있는 희미한 별이 하나 있어요. 이런 별을 동반성이라고 하죠. 약 3일에 한 번씩 알골은 10시간 정도 원래 밝기보다 3배 희미해지는데, 알골의 빛이 동반성에 가로막혔기 때문이에요.
페르세우스자리와 카시오페이아자리 사이에 있는 아름다운 한 쌍의 성단(이중성단)은 쌍안경으로 쉽게 관찰할 수 있어요. 관찰 지점이 아주 어두우면 맨눈으로도 볼 수 있답니다.

성단이란 같은 기체와 구름에서 태어난 별들의 무리를 말해요. 이 별들은 중력에 의해 서로 묶여 있죠.

그리스 신화 속 별 이야기

카시오페이아와 케페우스는 에티오피아의 여왕과 왕이었어요. 두 사람의 딸인 안드로메다는 무척 아름다워서 카시오페이아의 자랑거리였죠. 하지만 여왕의 자랑이 지나쳐 딸이 바다 님프들보다도 아름답다는 이야기를 하게 되면서 말썽이 생겼어요. 바다를 다스리는 신인 포세이돈이 화가 나서 에티오피아의 해안에 괴물을 보내 엉망진창으로 만들었거든요. (용자리의 용이 그 바다 괴물이라는 이야기도 있어요. 고래자리의 고래가 괴물이었다고도 하지만요.) 나라를 구할 수 있는 유일한 방법은 안드로메다를 바위 절벽에 묶어 괴물에게 먹히도록 하는 거였죠.
하지만 다행히도 페르세우스가 마침 근처를 날아가고 있었어요. 누구든 눈이 마주치면 돌로 변하게 하는 메두사를 죽이고 고향에 돌아가는 길이었죠. 페르세우스는 메두사의 머리를 괴물에게 보여주어 돌로 변하게 했어요. 그리고 바위에 묶인 안드로메다를 풀어 주고 공주와 결혼했죠.

하늘을 나는 말인 페가수스 역시 이 여러 별자리들 사이에 있어요. 전설에 따르면 메두사의 피가 지중해에 몇 방울 떨어져 바다의 기포와 섞이면서 페가수스가 탄생했다고 해요.
그리고 알골(아랍어로 '무서운 괴물의 머리'라는 뜻)은 메두사의 머리로 여겨지죠.

11월, 12월, 1월의 별자리들

12월 25일 오후 9시에 북위 40도 지역의 남동쪽 하늘에서 바라본 별들의 모습이에요.

겨울은 하늘 관찰자들에게 신나는 계절이에요! 일단 밝고 찾기 쉬운 별자리인 **오리온자리**가 하룻밤 내내 보이죠. 오리온자리에서 가장 밝은 2개의 별은 모습이 무척 대조적이에요. **베텔게우스**는 오렌지색이고 **리겔**은 푸르스름한 흰색이죠.

이 별자리의 한가운데에는 3개의 별이 비슷한 간격으로 배열된 오리온의 벨트가 있어요. 이 벨트 아래로 훨씬 희미한 3개의 별인 오리온의 검이 드리워져 있죠. 이 검의 가운데에 있는 별은 사실 별이 아니라 **오리온성운(M42)**이에요. 기체와 먼지로 이뤄진 거대한 구름으로 여기서 별들이 태어나죠. 이 성운은 쌍안경으로 쉽게 볼 수 있어요. 북반구에는 오리온자리를 둘러싸거나 내부에 자리한 밝은 별들이 보이는데 이 별들을 **겨울의 육각형**이라고 해요. 오리온의 벨트를 죽 연결하면 **황소자리**의 **알데바란** 쪽을 가리키죠. 황소자리에서 V자를 이루는 별들은 **히아데스성단**이에요.

그리고 여기서 10도 떨어진 곳에 또 다른 성단인 플레이아데스성단이 자리하는데 **일곱 자매 성단**이라고도 불리죠. 그리스 신화에 따르면 오리온이 일곱 자매를 뒤쫓았다고 해요. 밤하늘에서도 그런 모습이 보이죠. 별이 뜨고 지는 과정에서 오리온자리는 플레이아데스성단을 따라 동쪽에서 서쪽으로 이동해요. 여러 오스트레일리아 원주민 집단도 비슷한 설화를 갖고 있죠. 이제 오리온의 벨트를 반대 방향으로 연장하면 **큰개자리**의 눈인 시리우스를 가리켜요. 근처에 있는 프로키온은 **작은개자리**에서 가장 밝은 별이고요. 리겔에서 베텔게우스로 선을 그으면 그 끝이 **쌍둥이자리**의 발을 가리켜요. 쌍둥이자리에서 가장 밝은 별을 꼽자면 폴룩스와 카스토르인데, 이건 이 쌍둥이의 이름이죠.

겨울의 육각형을 이루는 마지막 별자리는 오리온자리의 머리 위에 있는 **마차부자리**에요. 조금 찌그러진 오각형인 이 별자리에서 가장 밝은 별은 **카펠라**죠.

남아프리카의 별 이야기

남아프리카에 사는 나마쿠아 코이코이 부족의 신화에 따르면 한 남자가 하늘 신의 딸들과 결혼을 했어요. 그러던 어느 날 아내들이 남자에게 밖으로 나가 얼룩말 3마리를 사냥해 오라고 했죠. 화살은 1개만 주고서요. 남자는 얼룩말을 향해 그 화살을 쐈지만 빗나가고 말았어요. 그래서 부끄러운 나머지 집에 들어가지 못했죠.

남자는 이제 차가운 밤하늘에 별자리가 되어 앉아 있어요. 화살은 아무 데도 쓰이지 못한 채 땅에 놓였고요. 게다가 남자는 화살을 다시 가져오지도 못하죠. 근처에 사자 한 마리가 웅크리고 있어서요.

여기서 3마리의 얼룩말은 오리온의 벨트이고 떨어진 화살은 오리온의 검이에요. 굶주린 사자는 베텔게우스죠. 사냥꾼과 아내들은 황소자리의 알데바란과 근처의 플레이아데스성단이랍니다.

2월, 3월, 4월의 별자리들

4월 15일 오전 9시에 북위 40도 지역의 남동쪽 하늘에서 바라본 별의 모습이에요.

목동자리는 목자자리라고도 하며 약자로 Boo라고 표기해요.

1년중 이 시기에는 별자리가 많이 보여요. 사자자리, 목동자리, 북쪽왕관자리, 헤라클레스자리죠. **사자자리**는 황도 12궁에 속하는 환한 별자리에요. 이 별자리는 황도 위에 있기 때문에, 달과 행성들이 태양 주변을 도는 가운데 사자자리를 스쳐 지나곤 하죠. 사자자리에서 가장 밝은 별인 **레굴루스**는 쌍안경으로 보면 푸른색을 띤 흰색을 띠어요.

이미 앞에서 **북두칠성**의 손잡이 곡선을 따라 호를 그리면 **아르크투루스**를 찾을 수 있다는 사실을 배웠을 거예요 (101쪽 참고). **목동자리**는 아이스크림 콘처럼 생겼는데 그 끝에 아르크투루스가 있죠.

아르크투루스에서 호를 계속 이어가면 또 다른 밝은 별 **스피카**를 발견할 수 있어요. 푸르스름한 스피카는 황도 12궁 가운데서도 무척 희미한 별자리인 **처녀자리**에서 밝게 빛나는 하나뿐인 별이에요. 처녀자리 오른쪽으로 호를 계속 이어 그리면 작은 다이아몬드 모양의 중간 밝기의 별들이 있는데 바로 **까마귀자리**죠.

목동자리의 아이스크림콘 왼쪽에는 **북쪽왕관자리**가 있어요. 이 별자리는 말 그대로 왕관처럼 생겼고 한가운데에는 **겜마**라는 밝은 별이 있죠.

북쪽왕관자리 왼쪽에는 **헤라클레스자리**가 자리해요. 50밀리미터 구경의 쌍안경이나 보다 성능 좋은 쌍안경으로 관찰하면 헤라클레스자리에서 **M13** 성단을 찾을 수 있어요. M13은 희미한 별처럼 보이지만 사실은 **구상성단**이에요. 우리 은하 주위를 돌고 있는 40만 개의 별들이 공 모양으로 모인 거대한 성단이죠.

아메리카 원주민들의 별 이야기

캐나다 원주민인 믹막 족은 일곱 사냥꾼과 곰 한 마리에 대한 이야기를 들려 줘요. 사냥꾼들은 사실 다들 새였죠. 울새가 무리를 이끌고 그 뒤를 박새(냄비 하나를 등에 업고), 그레이 제이라고도 불리는 회색어치가 따랐죠. 그 뒤에는 비둘기, 파랑어치, 애기금눈올빼미, 줄무늬올빼미가 따랐어요. 이 새들은 여름 내내 곰을 쫓아갔어요. 그러다가 줄무늬올빼미가 피곤해져서 집에 갔죠. 다른 새들도 하나둘 떠났어요. 결국 울새와 박새, 회색어치만 남았죠.

이 이야기는 우리가 북쪽 하늘의 별들이 어떻게 이동하는지 기억하게 해줘요. 울새와 박새, 회색어치는 국자 모양 북두칠성의 손잡이고 곰은 우묵한 부분이에요. 손잡이의 가운데별인 미자르 옆에는 알코르라는 희미한 동반성이 있는데, 이 별은 박새의 냄비에요!

하룻밤이 지나는 동안 북두칠성의 손잡이는 우묵한 부분을 따라가요. 사냥꾼들이 곰을 뒤쫓는 것처럼요.

여름에는 사냥꾼들 가운데 넷이 지평선 아래로 사라지면서 사냥에서 빠지죠. 그러다 가을이 되면 국자의 우묵한 부분이 지평선에 가까워져요. 울새가 곰을 향해 화살을 쏘자 그 아래의 나무들 잎이(그리고 울새의 가슴이) 붉게 물들었죠.

북쪽왕관자리(왼쪽)는 곰이 겨울잠을 자는 동굴이에요. 곰은 북반구에 봄이 오는 3월이 되어야 나타나죠.

5월, 6월, 7월의 별자리들

7월 25일 오전 9시에 북위 40도의 남동쪽 하늘에서 본 별의 모습이에요.

6월부터 9월까지 하늘에서 가장 밝은 별들을 꼽자면 **독수리자리**의 **알타이르**, **백조자리** 꼬리의 **데네브**, **거문고자리**의 **베가**예요. 북반구에서는 이 세 별을 한데 묶어 **여름의 대삼각형**이라고 불러요(역시 성군이죠). 백조자리의 머리인 **알비레오**가 여름의 대삼각형 한가운데쯤에 있어요. 망원경으로 보면 알비레오는 오렌지색과 푸른색의 두 별로 이뤄진 아름다운 이중성이에요.

독수리자리를 먼저 찾고 나면 이어진 선상에서 희미한 별자리인 **돌고래자리**를 찾을 수 있죠.

거문고자리는 평행사변형에 붙은 이등변삼각형처럼 생겼어요. 베가를 비롯한 두 별이 삼각형을 이루죠. 그리고 평행사변형에 붙어 있지 않은 별은 **입실론**이에요. 쌍안경으로 쉽게 관찰할 수 있는 이중성이죠. 여러분이 관찰하기 힘든 부분이 있다면 이 이중성을 이루는 각각의 '별'도 사실은 그 자체가 이중성이라는 거예요. 입실론은 '이중의 이중성'이라는 별명을 가졌죠. **전갈자리**와 **궁수자리**는 황도 12궁에서도 무척 밝게 빛나는 두 별자리에요. 두 별자리는 은하수에서 밝은 부분에 자리해요. 쌍안경으로 관찰하면 이곳에서는 수많은 별과 성운, 어두운 구름이 보이죠(116쪽 참고).

은하수의 중앙에는 **궁수자리**가 놓여 있어요(이 별자리 한가운데의 별들을 종종 '**찻주전자**'라고 부르죠).

전갈자리에서 가장 밝은 별은 **안타레스**예요. '화성의 경쟁자'라는 뜻을 가진 이름이죠. 밝고 붉은색을 띠는 데다 황도 근처에서 발견되어 화성과 혼동되는 경우가 많기 때문이에요.

중국의 별 이야기

중국에서 아주 오래된 설화 가운데 견우와 직녀 이야기가 있어요. 하늘 여신의 일곱째 딸이었던 직녀는 인간인 견우와 사랑에 빠졌어요. 두 사람은 결혼해서 아들 둘을 낳았죠. 하지만 직녀의 어머니는 이 결혼에 대해 알게 되어 무척 화가 났어요. 그래서 딸 직녀를 하늘로 다시 불러들여 구름을 짜게 했죠.

견우와 직녀는 서로를 무척이나 그리워했어요. 그래서 견우는 소가죽을 몸에 걸친 채 두 아들을 데리고 하늘나라로 떠났어요. 하지만 견우와 직녀가 다시 만나려 하자 여신은 은색 강을 흐르게 해서 둘 사이를 갈라놓았어요. 그래도 1년에 하루 음력 칠월칠석에 전 세계 까마귀와 까치들이 다리를 만들어 이들 가족이 강을 건너게 해 주었죠. 이날은 중국의 밸런타인데이라고 불리기도 해요.

직녀는 거문고자리의 베가예요. 거문고자리의 다른 별들이 베틀을 이루죠. 그리고 견우는 독수리자리의 알타이르예요. 알타이르 옆의 두 별이 각각 견우와 직녀의 두 아들이죠. 독수리자리와 베가는 은하수(은색 강)의 반대편에 있어요. 까마귀와 까치들이 만든 다리의 한가운데에 백조자리의 밝은 별인 데네브가 자리하죠.

계절에 따른 별자리 관찰하기 남반구의 경우

102~108쪽의 별자리도는 북반구에서 본 별자리를 보여 줘요. 하지만 만약 여러분이 남반구에 산다면 그 별자리들 가운데 일부는 보이지 않을 거예요. 다른 별자리들도 위아래가 뒤집혀 보이고요! 별자리도 대신 앞서 만들었던 평면 천체도를(98~99쪽 참고) 사용해도 된답니다.

남반구의 주극성들

천구의 남극을 표시하는 별은 없어요. 이 구역의 별자리들은 대부분 무척 희미하죠. 하지만 그렇지 않은 예외도 있어요!

남십자자리는 천구의 남극을 가리키는 작고 밝은 별자리에요. 만약 여러분의 주변이 어둡다면 은하수가 남십자자리를 통과해 지나가는 모습을 볼 수 있을 거예요. 남십자자리는 **석탄 자루 성운**이 자리하는 곳이기도 하죠. 이 밀도가 높은 먼지 구름은 은하수 속에서 어두운 얼룩처럼 보여요.

용골자리는 보다 큰 고대 그리스 신화 속 별자리인 **아르고호자리**의 밑바닥 일부예요. 이 별자리에서 가장 밝은 별은 **카노푸스**인데, **시리우스** 다음으로 밤하늘에서 두 번째로 밝은 별이죠.

용골자리에는 아름다운 **용골성운**이 있어요. 오리온성운보다도 크고 밝죠. 이 성운을 쌍안경으로 관찰해 보면 같은 시야에 **바늘꽂이** 성단도 보일 거예요.

켄타우루스자리에서 가장 밝은 별은 주극성이에요. 켄타우루스자리의 발 근처에 있는 **리겔 켄타우루스**는 가장 밝은 별이고 천구의 남극을 찾는 데 이 별을 활용할 수 있죠(94쪽 참고). 또 **오메가 켄타우리**는 별처럼 보이지만 사실은 우리 은하에서 가장 큰 구상성단이랍니다.

남반구의 주극 천체 가운데 가장 아름다운 두 가지를 꼽자면 **대마젤란운**과 **소마젤란운**이에요. 이 둘은 우리 은하의 주위를 공전하는 작은 은하로 나중에는 우리 은하의 일부가 될 거예요.

포르투갈의 탐험가인 페르디난드 마젤란(1480년경~1521년)의 이름을 따서 성운의 이름이 정해졌죠. 마젤란은 최초로 세계를 한 바퀴 돈 인물이죠.

폴리네시아의 별 이야기

폴리네시아 사람들은 반신반인인 마우이와 물고기 바늘에 대한 이야기를 들려주었어요. 뉴질랜드와 사모아섬, 하와이의 전설을 살펴보면 이야기가 조금씩 다르기는 해요.

삼형제의 막내로 태어난 마우이는 남을 잘 속이고 골려 먹었죠. 하루는 형들과 아주 깊은 바다로 낚시를 떠났어요. 마우이는 배에서 물속으로 낚싯바늘을 던진 다음 형들에게 있는 힘껏 노를 저으라고 했어요. 하지만 절대 뒤를 돌아보지 말라고 덧붙였죠.

형들은 노를 저었고 곧 마우이의 낚싯바늘에 물고기가 걸려든 것 같다고 느꼈어요. 하지만 사실 물고기는 없었죠. 낚싯바늘은 바다 밑바닥에 걸렸고 그동안 아무것도 없었던 곳으로 땅을 끌어당겼어요.

형들은 뒤를 돌아봤죠. 그리고 마우이의 낚싯바늘이 어디에 걸렸는지 깨달아 노 젓기를 멈췄어요. 마우이가 대륙 전체가 아니라 몇몇 섬들만 끌어올 수 있었던 건 이런 이유 때문이죠.

마우이의 낚싯바늘은 전갈자리의 별자리 안에서 발견할 수 있어요. 밤하늘에서 관찰하면 낚싯바늘이 거대한 물고기인 피모에(궁수자리)에 걸려 있어요. 여름의 대삼각형(108쪽 참고)은 낚싯바늘이 달린 밧줄 뭉치죠.

별의 일생

별은 일생의 대부분의 시간 동안 핵융합을 통해 에너지를 공급받아요. 핵융합은 수소를 헬륨으로 만들며 열과 빛을 방출하죠(52쪽 참고). 수소 핵융합으로 에너지를 얻는 별들을 주계열성이라고 불러요. 우리 태양이 그 예죠. 주계열성들은 안정적이에요. 핵융합 반응에서 오는 열기가 밀어내는 힘과 중력이 끌어당기는 힘이 정확하게 균형을 이루죠.

우리 태양 같은 별들은 수명이 약 100억 년이에요. 무게가 덜 나가는 별들은 더 오래 살지만 무거운 별들은 보다 온도가 높이 올라가기 때문에 수명이 짧아지죠.

무척 젊은 성단인 트럼플러 14는 아직 성단이 태어났던 기체와 먼지 구름에 파묻혀 있어요.

별의 죽음

별의 중심부에 있던 수소가 전부 헬륨으로 바뀌면 중심부가 무너지면서 열을 받아요. 그러면 별의 대기를 바깥으로 밀어내죠.

별의 핵심부는 이제 핵융합 반응으로 헬륨을 탄소로 바꿀 만큼 충분히 뜨거워져요. 핵융합 반응에서 나온 열기는 중력과 균형을 맞추죠. 이렇게 헬륨으로 불타는 별을 **적색거성**이라고 해요.

초거성이 될까, 난쟁이별이 될까

적색거성의 중심부에 있는 헬륨 연료가 다 떨어지고 나면 별은 다시 붕괴하고 바깥층이 확장돼요. 이 시점에서 아주 무거운 별은 덜 무거운 별과 다른 길을 가죠.

우리 태양을 포함해서 질량이 작거나 중간 정도인 별들은 계속 부풀어 올라 행성상성운이 돼요. 중심부는 붕괴되어 백색왜성이 되고요. **백색왜성**은 질량이 태양 정도지만 지구와 비슷한 부피 속에 질량이 눌러 담겼어요. 연료를 다 쓰고 삶의 마지막을 맞죠.

반면에 태양보다 질량이 8배 이상인 별들은 연료가 떨어지면 중심부가 붕괴하면서 온도가 올라가 보다 무거운 원소들도 융합할 수 있게 돼요. 마침내 철을 융합하기에 이르죠. 이런 유형의 별을 초거성이라고 해요.

그러다가 초거성의 철로 이뤄진 중심부는 갑자기 붕괴해 바깥층이 폭발해요. 그 결과 초신성이 되죠. 초신성 폭발은 엄청난 에너지를 내기 때문에 철보다 무거운 원소도 만들어낼 수 있어요.

블랙홀이 될까, 중성자별이 될까

폭발 이후 우리 태양보다 질량이 3배 이상 작은 별들은 중성자별이 돼요. 폭이 약 20킬로미터밖에 되지 않는 아주 밀도가 높은 별이죠. 질량이 더 크면 남아 있는 중심부는 **블랙홀**이 될 수 있어요. 별의 남은 질량 전체를 포함하는 우주 속 하나의 점이죠.

초신성이 폭발하면 물질이 빠른 속도로 흩어지면서 근처의 기체 구름을 붕괴시키고, 그러면 별의 형성 과정 전체가 처음부터 다시 시작된답니다!

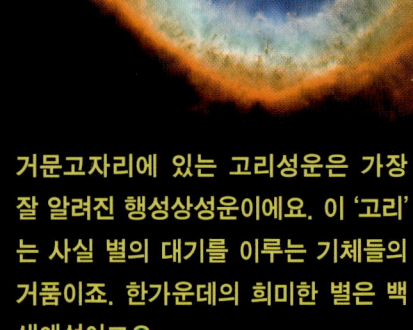

거문고자리에 있는 고리성운은 가장 잘 알려진 행성상성운이에요. 이 '고리'는 사실 별의 대기를 이루는 기체들의 거품이죠. 한가운데의 희미한 별은 백색왜성이고요.

우리 별들은 우주에서 헬륨보다 무거운 온갖 원소들로 이루어졌답니다.

별의 한살이

별은 성운이라고 하는 기체 구름에서 태어나요.

쉬익!

이제 원시별이 되었어요. 중력이 원시별을 쥐어짜면서 열기가 높아지고 빛을 내기 시작하죠.

원시별의 중심부가 충분히 뜨거워지면, 수소를 헬륨으로 바꾸는 핵융합 반응이 시작돼요.

이제 주계열성이 되었어요. 우리 태양과 같죠.

수소 연료를 모두 써버리면 중심부가 무너지면서 대기가 확장돼요. 이 상태를 적색거성이라고 하죠.

그 다음 단계는 별이 얼마나 무거운지에 따라 달라요.

태양보다 질량이 8배 이상 작은 별들

질량이 작거나 중간 정도인 별들은 고리 모양으로 확장되어 행성상성운이 돼요. 붕괴되는 중심부를 기체가 감싸는 모습이죠.

확장된 성운은 작고 밀도가 높은 백색왜성을 남겨요. 나중에 희미해지죠.

질량이 지구보다 8배 이상인 별들

헬륨이 다 떨어지면 중심부가 붕괴하고 대기가 팽창하면서 별은 초거성이 돼요. 연료가 떨어질 때마다 중심부가 다시 붕괴하고 더 무거운 새 원소를 융합해요. 마지막엔 결국 철을 만들어 내죠.

쾅!

철로 이뤄진 중심부가 붕괴하고 바깥층이 팽창해 초신성이 돼요.

중심부가 태양의 질량보다 3배 미만인 천체

쉬익!

이런 별들은 백색왜성보다 작고 더욱 밀도가 높은 중성자별이 돼요.

중심부가 태양의 질량보다 3배 이상 큰 천체

중심부의 질량 전체가 하나의 점으로 압축되면서 블랙홀이 만들어져요.

특별한 천문 현상
유성우

유성은 사실 진짜 별이 아니지만 별똥별이라고 불려요. 운석이 지구 대기에 들어오면서 번쩍이는 빛이 생겨요. 지구에는 매일 100톤도 넘는 운석이 떨어지는데 대부분은 눈으로 관측되지도 못할 만큼 작아요. 이 운석들은 시속 43킬로미터에서 시속 90킬로미터의 속도로 대기에 부딪치죠.

대부분의 운석은 폭이 몇 밀리미터밖에 되지 않아요. 모래 낱알 정도의 크기죠. 그래서 지면에 닿기도 전에 대기와 부딪치는 과정에서 파괴돼요. 유성체에서 온 아주 밝은 운석들은 폭이 약 1센티미터죠. 새끼손가락의 폭 정도에요.

유성우가 떨어지는 동안 대부분의 유성은 하늘의 단일한 점에서 내리는 것처럼 보이는데 이것을 복사점이라고 하죠. 사실은 평행선을 이루며 지표면을 향해 떨어지고 있지만요. 이 모습이 지표면의 우리 눈에는 마치 고속도로를 내려다보는 것처럼 보여요. 고속도로의 차선은 사실 평행을 이루지만 멀리 있는 하나의 점에서 오는 것처럼 보이죠.

유성우는 이 복사점이 어느 별자리에 있는 것처럼 보이는지에 따라 그 별자리의 이름을 따서 지어요.

유성이 밝게 빛나는 이유는 지구의 대기권에 떨어지면서 공기 분자와 충돌하기 때문이죠. 이 충돌 과정에서 운석의 온도가 높아지고 운석이 떨어지는 경로의 공기 분자들이 빛을 내요. 운석의 덩치가 크면 온도가 너무 높아진 나머지 폭발해서 여러 조각으로 부서지기도 해요. 이것을 폭발 유성이라고 불러요.

우리는 언제든 운석을 볼 수 있어요. 맑은 날 도시의 불빛이 없는 밤하늘에는 1시간에 운석을 5개까지도 볼 수 있죠. 하지만 1년에 몇 번 지구가 혜성의 공전 궤도를 지나칠 때면 암석과 먼지 잔해가 많이 일어나요. 그러면 많은 운석이 쏟아지는 유성우가 관찰되죠.

혜성에서 온 먼지 부스러기가 유성이 돼요

혜성의 궤도

태양

지구의 공전 궤도

혜성은 태양계 안쪽을 지나며 자기 궤도를 따라 먼지를 남기죠.

유성체

폭발 유성

불덩어리 유성

우주

운석

대기권

유성우

운석

지구

별과 별자리

2009년 페르세우스자리 유성우를 저속 촬영으로 찍은 사진이에요. 이 유성들은 다들 페르세우스자리의 특정한 점에서 쏟아지는 것처럼 보이죠.

위쪽의 희미한 공 모양 구체는 안드로메다은하예요.

중심부의 2개의 희미한 별들은 페르세우스자리 이중성단이에요.(이중성단을 찾는 법에 대해서는 다음 쪽 참고)

복사점   페르세우스자리   플레이아데스성단

비행기인가, 위성인가, 유성인가?

우리는 앞서 별과 행성을 구분하는 방법에 대해 배웠어요. 하지만 밤하늘에는 비행기나 인공위성에서 오는 불빛도 많이 보여요. 그리고 유성도 움직이는 별처럼 보이고요. 다음은 이것들을 구별하는 요령이에요.

✹ 비행기에서는 깜박이는 불빛이 보여요.

✹ 인공위성은 꽤 천천히 움직이고 불빛이 깜박이지 않죠. 그리고 지평선을 넘기 전에 사라져요.

✹ 유성은 밤하늘을 휙 가로지르죠.

✹ 국제 우주 정거장은 빠르고 일정한 속도로 움직여요.

국제 우주 정거장은 NASA(미국), 로스코스모스(러시아), JAXA(일본), ESA(유럽), CSA(캐나다) 같은 전 세계 항공 우주국이 운영하는 우주 공간에서 날아다니는 실험실(고공 비행 연구소)이에요. 여러분의 지역을 언제 지나칠지, 어디를 보면 발견할 수 있는지는 NASA의 '우주 정거장 찾기(Spot the Station)' 웹사이트를 방문하면 알 수 있어요.

유성우를 관찰하는 방법

119쪽에는 해마다 떨어질 가장 밝은 유성우들과 대략적인 날짜를 나열했어요. 매년 정확한 날짜에 유성우를 볼 수 있는지 확인해 봐요. 이 정보는 인터넷에서도 찾을 수 있죠. 달의 위상도 확인해야 해요. 불룩한 달이거나 보름달은 밝아서 희미한 유성을 보기 힘들게 하거든요. 빛 공해가 없는지도 확인해야 하죠.

유성우를 관찰하는 가장 좋은 방법은 맨눈으로 보는 거예요. 망원경이나 쌍안경은 시야를 좁게 만들거든요. 대부분의 유성은 복사점 근처에서 발견되지만 사실은 밤하늘의 어디서든 떨어질 수 있죠.

침낭이나 접이식 의자를 챙겨 가면 누워서 관찰할 수 있어요. 별을 볼 때와 마찬가지로 춥지 않게 든든히 입고 인내심을 가져야 해요.

1시간에 25개의 운석이 떨어진다고 하면 꽤 많은 것처럼 들리지만 결국 2분에 하나 꼴로 떨어지는 셈이거든요. 그것도 많이 보이는 곳에서 그렇죠.

가끔씩 평소보다 거센 유성우가 내리기도 해요. 위 그림은 1833년에 발생한 사자자리 유성 폭풍으로 시간당 1만 개의 유성이 떨어졌죠.

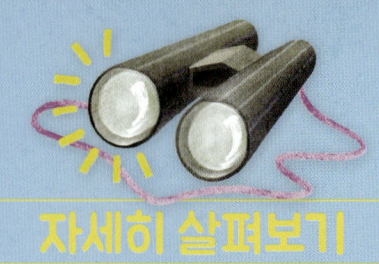

자세히 살펴보기
태양계 밖의 천체들

쌍안경의 도움을 받으면 맨눈으로 봤을 때 희미했던 별이나 천체도 보다 잘 관찰할 수 있어요. 쌍안경의 렌즈가 여러분의 동공보다 빛을 더 많이 모으거든요. 또 작은 천체들을 보다 가까이 확대할 수 있죠. 쌍안경의 성능에 따라 여러분은 산개성단, 구상성단, 성운, 심지어는 은하까지 관찰할 수 있어요.

산개성단 산개성단은 동일한 먼지와 기체 구름에서 형성된 수백 개의 별들이 중력에 의해 묶여 있는 모임이에요. 별들은 수억 년 동안 가까운 곳에서 지내다가 각자의 길로 흩어지죠. 은하 이곳저곳으로 흩어져요.

구상성단 구상성단 역시 중력에 묶인 별들의 모임이지만 훨씬 규모가 커요. 수십만 개의 별들이 서로 단단히 묶여 있죠. 그 형태가 공 같아서 '구상' 성단이라고 불려요. 구상성단은 우리 은하인 은하수의 중심부를 공전하죠. 그리고 산개성단에 비해 별들의 나이가 훨씬 많아요.

헤라클레스자리에 있는 구상성단인 M13

이중성단을 찾는 법

★ 북쪽 하늘에서 카시오페이아자리를 찾아요. 이 별자리는 하나는 크고 하나는 작은 2개의 산봉우리처럼 생겼어요.

★ 카시오페이아자리의 별 2개를 찾아요. 별자리 한가운데의 감마와 작은 산봉우리 꼭대기의 루크바에요.

★ 이 2개의 별을 이어서 선을 연장하면 페르세우스자리에서 가장 밝은 미르팍을 가리켜요. 이제 감마와 미르팍 사이를 선으로 연결해요. 그러면 중간 정도에 이중성단이 있어요.

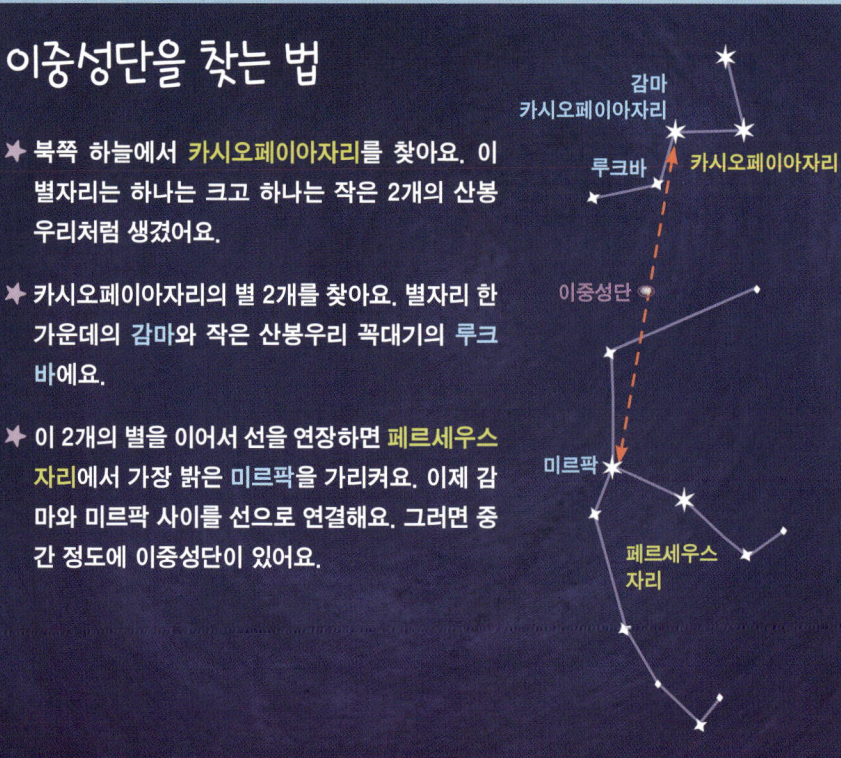

이중성단

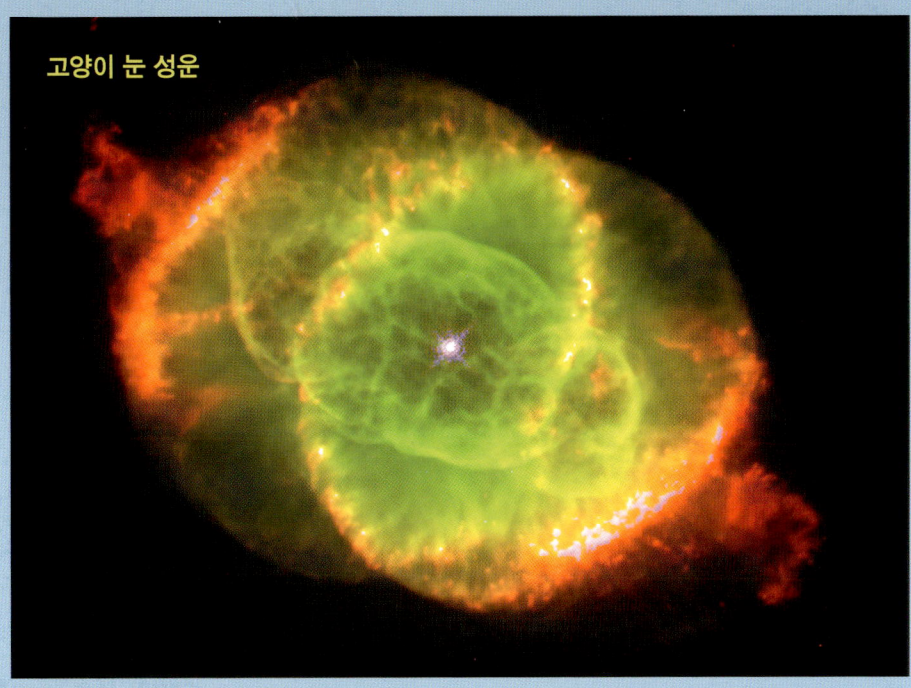
고양이 눈 성운

성운 은 기체와 먼지로 이뤄진 구름이에요. 성운 내부나 가까이에 있는 별들에서 온 빛 때문에 성운의 기체가 빛나죠. 암흑성운은 석탄자루(콜색)와 마찬가지로 뒤에 있는 별들의 빛을 가린 먼지 덩어리에요.

맨눈으로 관찰 가능한(20쪽 참고) 3개의 **은하** 를 쌍안경으로 보면 정말 멋져요. 쌍안경으로 보면 은하를 더 많이 찾을 수 있죠. 쌍안경으로 관찰 가능한 은하의 목록은 다른 여러 별, 성단, 성운들과 함께 부록에 실려 있어요.

위험하니 물러서요! 가장 뜨거운 별은 온도가 4만 도가 넘어요. 가장 온도가 낮은 별도 약 2,500도이고요.

쌍안경 사용법

구름처럼 보이는 은하수의 아무 지점에나 쌍안경을 맞추고 관찰해요. 구름처럼 보이는 건 보통 성단이나 성운이에요. 전갈자리, 궁수자리, 백조자리 역시 관찰하기 좋은 천체죠(남반구라면 켄타우루스자리, 용골자리, 남십자자리가 좋아요).

희미한 천체에 초점을 맞추고 관찰하는 가장 좋은 방법이 있다면 '건너뛰며 찾기'에요. 별자리표에서 관찰하고 싶은 흥미로운 천체를 발견하면 먼저 그 주변에 무엇이 있는지부터 알아봐요. 여러분이 이미 아는 별이나 별자리에 쌍안경의 초점을 맞춘 다음 여러분이 모르는 천체로 건너뛰는 거죠. 예를 들어 여러분은 카시오페이아자리와 페르세우스자리를 활용해 한 쌍의 산개성단인 이중성단의 위치를 찾을 수 있어요.

별들의 색깔

밤하늘을 자세히 살펴다보면 밝은 별들의 상당수가 각각 색이 다르다는 사실을 알게 될 거예요. 별의 색깔은 대기의 기온을 말해 주죠. 뜨거운 별은 푸른색이고 온도가 낮은 별은 붉은색이에요. 붉은색 별들은 좀 더 희미한 경향이 있죠. 적색거성은 그렇지 않지만요.

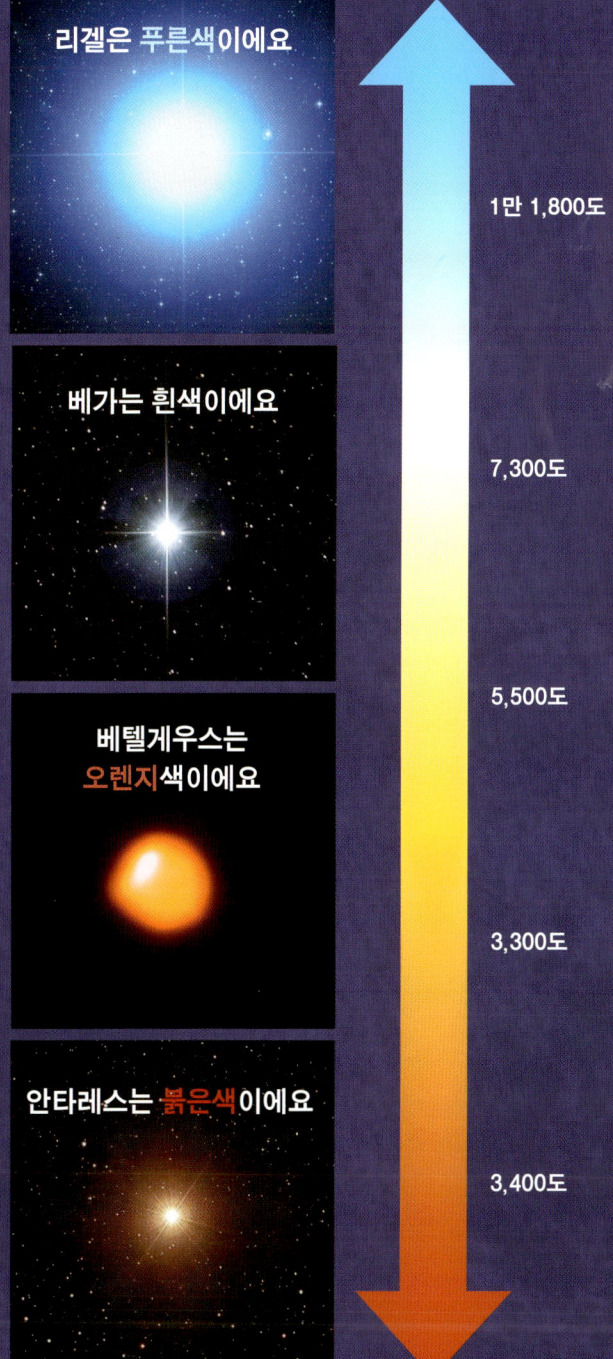

리겔은 푸른색이에요 — 1만 1,800도

베가는 흰색이에요 — 7,300도

— 5,500도

베텔게우스는 오렌지색이에요 — 3,300도

안타레스는 붉은색이에요 — 3,400도

별과 별자리 117

더 알아보기

하늘을 들여다보는 건 정말 재미있어요. 여러분도 자주 관찰해보기를 바래요. 다음은 천문학 지식을 좀 더 배우고 과학과 친해질 수 있는 장소들이에요.

독일 함부르크 천체 투영관의 프로젝터는 위쪽의 돔 지붕에서 밤하늘을 볼 수 있게 해요.

과학관

거의 모든 과학관에 천문학 관련 전시물이 있죠. 책을 찾으면서 표가 있는지 한번 둘러봐요. 여러분의 가족이 근처 과학관에 1년에 한 번 이상 들른다면 회원가입도 고려해 보세요.

도서관

도서관에는 천문학과 우주과학에 대한 책이 많아요. 어떤 책을 읽으면 좋을지 직접 골라 봐요. 사서 선생님에게 물어봐도 좋고요. 또 도서관에서는 특별한 프로그램을 운영하는 경우가 많아요. 사서 선생님에게 천문학 프로그램을 열 수 있는지 여쭤봐요. 천문학자를 초대해 이야기를 듣는 거죠.

천체 투영관

천체 투영관은 천장이 돔 모양인 방이에요. 특별한 프로젝터를 이용해 돔 천장에 별과 별자리의 상을 투영해 밤하늘처럼 보이게 해요.

이 프로젝터를 통해 지구의 여러 장소에서 1년이 흐르는 동안 밤하늘이 어떻게 다르게 보이는지 알 수 있어요. 여러분이 좋아하는 천체를 확대해서 볼 수도 있고요.

인터넷에서 검색해 보면 여러분이 사는 지역에 천체 투영관이 어디 있는지 알 수 있어요(www.planetarium.kr). 또 스마트폰이나 컴퓨터에 여러분이 사는 지역의 하늘을 보여주는 무료 천체 투영관 어플을 설치해도 좋죠. The WorldWide Telescope는 온라인 천체 투영관이에요. 한번 들어가 보세요!

천문학 동호회

천문학 동호회에서는 몇 주마다 한 번씩 모여 천문학과 망원경에 대해 공부해요. 이런 동호회는 손님이 모임에 참가하는 것을 환영하죠. 어린아이라도 주니어 회원으로 참여할 수 있어요. 대부분의 동호회에서는 회원들이 자기 망원경을 가져와 사람들에게 보여주는 활동을 해요. 아니면 그 지역 천문학자들을 초대해 과학 이야기를 듣고요. 여러분이 사는 지역에 이런 동호회가 있는지 한번 알아보세요.

망원경 관측

몇몇 천문학 동호회와 과학관에는 망원경이 있어요. 대학교나 국립 천문대에서도 대부분 각자 망원경이 있어서 밤하늘을 연구하죠. 그리고 가끔은 이런 망원경을 일반인에게 공개하기도 해요. 여러분이 사는 지역의 대학교 천문학과의 홈페이지에 들어가 일반인들이 참여하는 특별한 행사를 여는지 알아보세요.

유성우 달력

다음 표에는 1년 동안 관찰 가능한 대규모 유성우와 유성우가 가장 잘 보이는 날짜, 시간(극대기)을 정리했어요. 시간당 유성우의 수는 빛 공해가 없을 때 보이는 숫자를 말해요. 그리고 날짜와 시간도 매년 하루, 이틀 정도 바뀔 수 있어요. 여러분이 사는 지역에 유성우가 언제 잘 보이는지의 정확한 시간은 천문학 관련 웹사이트를 참고하세요(한국천문연구원이나 뉴스 기사 등).

유성우 이름	날짜	극대기	시간당 유성우 수	모체	참고사항	별자리
사분의자리 유성군	1월 4일	오전 5시	120	2003 EH1 (소행성)	무척 짧은 시간 지속되고 북반구에서 가장 잘 보임. 일부는 불덩어리 유성임	목동자리
거문고자리 유성군	4월 22일	오전 4시	18	C/1861 G1 (대처)	3일간 지속됨. 북반구에서 가장 잘 보임. 일부는 불덩어리 유성임	거문고자리
물병자리 에타 유성군	5월 7일	오전 4시	55	1P/핼리	일주일 동안 지속됨. 남반구 열대 지방에서 가장 잘 보임(적도에서 남위 25도 지역까지)	물병자리
남부 델타 물병자리 유성군	7월 30일	오전 3시	16	96P/맥홀츠 1 (확실하지 않음)	2주간 계속됨. 남반구 열대 지방에서 가장 잘 보임. 꽤 약함	물병자리
알파 염소자리 유성군	7월 27일	오전 1시	5	169P/NEAT	열대 지방에서 가장 잘 보임. 무척 희미하고 가끔 불덩어리 유성이 보임	염소자리
페르세우스자리 유성군	8월 12일	오전 4시	100	109P/스위프트-터틀	8월 12일 전후로 1주일 동안 관찰됨. 꽤 강함	페르세우스자리
오리온자리 유성군	10월 22일	오전 5시	25	1P/핼리	중간 정도의 세기이지만 더 강해지기도 함	오리온자리
남부 황소자리 유성군	10월 29일	오전 1시	5	2P/엔케	약하지만 2달 정도 오래 지속되며 색이 화려한 불구덩이 유성이 관찰됨. 이 두 유성군은 10월 하순과 11월 초순에 겹침	황소자리
북부 황소자리 유성군	11월 11일	자정	5			
사자자리 유성군	11월 18일	오전 5시	15	55P/템벨-터틀	과거에 대규모 유성우가 있었지만 그 다음 유성우는 2099년으로 예상됨	사자자리
쌍둥이자리 유성군	12월 13일	오전 1시	120	3200 파이돈 (소행성)	북반구에서 가장 잘 관찰됨. 1년 중 가장 강한 유성우로 색이 화려하고 환한 유성이 관찰됨	쌍둥이자리
작은곰자리 유성군	12월 22일	오전 5시	10	8P/터틀	북반구에서만 관찰됨. 언제 관찰될지 예측이 불가능함	작은곰자리

*복사점이 천정에 있을 때 가장 많이 관측됨

출처 : 미국 유성학회, https://www.amsmeteors.org/meteor-showers/2017-meteor-shower-list/ (2017 Meteor Shower List)와 https://www.amsmeteors.org/meteor-showers/meteor-shower-calendar/ (Meteor Shower Calendar; 2019)

따라해 봐요
천문 파티 즐기기 ★★

천문 파티는 사람들이 모여 밤하늘을 바라보는 모임이에요. 큰 규모일 수도, 작은 규모일 수도 있고 장소가 도시일 수도, 시골일 수도 있어요. 망원경으로 천체를 관찰하기도 하지만 맨눈으로도 볼 수 있죠. 어른이나 아이들 모두 모임을 열 수 있어요(어린이라면 어른의 도움이 필요해요).

준비물
- 붉은 조명(19쪽의 붉은색 전등 같은)
- 별자리표나 평면 천체도 (98~99쪽)
- 망원경과 쌍안경(선택 사항)

여러분의 모임에서 천체를 가장 잘 관찰하려면 축구장이나 초원, 공원, 바닷가 같은 어두운 장소를 선택해야 해요. 참가자들이 전부 전등을 가져와야 하죠.

경험이 많은 사람이 장비를 다루도록 해요.

참가자들이 안전하게 관찰하면서 어두운 하늘을 보는 데 방해되지 않을 만큼의 조명이 필요해요.

모임을 열려면 포스터나 전단지를 만들어 돌리거나 소셜미디어에서 사람들을 초대해요. 전단지에는 모임 날짜와 장소, 주차 가능 여부, 날씨가 흐리면 어떻게 할지에 대한 계획을 적어야 하죠.

사람들의 문의에 답할 어른 한 명의 연락처도 있어야 하고요.

이런 모임은 일식이나 월식, 유성우 같은 특별한 천문 현상이 있을 때마다 열리곤 해요. 물론 특별한 일이 없더라도 밤하늘 관찰에 대한 열정을 여러분의 친구나 이웃과 나눌 수 있지만요.

더 알아보기

2020년부터 2030년까지의 식 목록

날짜	유형	개기식 또는 금환식	부분식
2020년 11월 30일	월식	반영월식	아시아, 오스트레일리아, 태평양, 아메리카 대륙
2020년 12월 14일	일식	개기일식	태평양, 칠레, 아르헨티나, 대서양	태평양, 남아메리카, 남극
2021년 5월 26일	월식	개기월식	동아시아, 오스트레일리아, 태평양, 아메리카 대륙	
2021년 6월 10일	일식	금환일식	캐나다, 그린란드, 러시아	북아메리카, 유럽, 아시아
2021년 11월 19일	월식	부분월식		아메리카 대륙, 북유럽, 동아시아, 오스트레일리아, 태평양
2021년 12월 4일	일식	개기일식	남극	남극, 아프리카, 대서양
2022년 4월 30일	일식	부분일식		태평양, 남아메리카
2022년 5월 16일	월식	개기월식	아메리카 대륙, 유럽, 아프리카	
2022년 10월 25일	일식	부분일식		유럽, 아프리카, 중동, 아시아
2022년 11월 8일	월식	개기월식	아시아, 오스트레일리아, 태평양, 아메리카 대륙	
2023년 4월 20일	일식	금환일식+부분일식	인도네시아, 오스트레일리아, 파푸아뉴기니	아시아, 인도양, 오세아니아
2023년 5월 5일	월식	반영월식		아프리카, 아시아, 오스트레일리아
2023년 10월 14일	일식	금환일식	미국, 중앙아메리카, 컬럼비아, 브라질	북아메리카, 남아메리카
2023년 10월 28일	월식	부분월식		아메리카 대륙 동부, 유럽, 아프리카, 아시아, 오스트레일리아
2024년 3월 25일	월식	반영월식		아메리카 대륙
2024년 4월 8일	일식	개기일식	멕시코, 미국, 캐나다	북아메리카
2024년 9월 18일	월식	부분월식		아메리카 대륙, 유럽, 아프리카
2024년 10월 2일	일식	금환일식	칠레, 아르헨티나	태평양, 남아메리카
2025년 3월 14일	월식	개기월식	태평양, 아메리카 대륙, 서유럽, 서아프리카	
2025년 3월 29일	일식	부분일식		아프리카, 유럽, 러시아
2025년 9월 7일	월식	개기월식	유럽, 아프리카, 아시아, 오스트레일리아	
2025년 9월 21일	일식	부분일식		태평양, 남극
2026년 2월 17일	일식	금환일식	남극	남아메리카, 아프리카, 남극
2026년 3월 3일	월식	개기월식	동아시아, 오스트레일리아, 태평양, 아메리카 대륙	
2026년 8월 12일	일식	개기일식	북극, 그린란드, 아이슬란드, 스페인	북아메리카, 아프리카, 유럽
2026년 8월 28일	월식	부분월식		동태평양, 아메리카 대륙, 유럽, 아프리카
2027년 2월 6일	일식	금환일식	칠레, 아르헨티나, 대서양	남아메리카, 남극, 아프리카
2027년 2월 20일	월식	반영월식		아메리카 대륙, 유럽, 아프리카, 아시아
2027년 7월 18일	월식	반영월식		동아프리카, 아시아, 오스트레일리아, 태평양
2027년 8월 2일	일식	개기일식	모로코, 스페인, 알제리, 리비아, 이집트, 사우디아라비아, 예멘, 소말리아	아프리카, 유럽, 아시아
2027년 8월 17일	월식	반영월식		태평양, 아메리카 대륙
2028년 1월 12일	월식	부분월식		아메리카 대륙, 유럽, 아프리카
2028년 1월 26일	일식	금환일식	에콰도르, 페루, 브라질, 수리남, 스페인, 포르투갈	북아메리카, 남아메리카, 유럽, 아프리카
2028년 7월 6일	월식	부분월식		유럽, 아프리카, 아시아, 오스트레일리아
2028년 7월 22일	일식	개기일식	오스트레일리아, 뉴질랜드	아시아, 인도양, 오세아니아
2028년 12월 31일	월식	개기월식	유럽, 아프리카, 아시아, 오스트레일리아, 태평양	
2029년 1월 14일	일식	부분일식		북아메리카
2029년 6월 12일	일식	부분일식		북극, 유럽, 아시아, 북아메리카
2029년 6월 26일	월식	개기월식	아메리카 대륙, 유럽, 아프리카, 중동	
2029년 7월 11일	일식	부분일식		남아메리카
2029년 12월 5일	일식	부분일식		남아메리카, 남극
2029년 12월 20일	월식	개기월식	아메리카 대륙, 유럽, 아프리카, 아시아	
2030년 6월 1일	일식	금환일식	알제리, 튀니지, 그리스, 터키, 러시아, 중국, 일본	유럽, 아프리카, 아시아, 북극, 북아메리카
2030년 6월 15일	월식	부분월식		유럽, 아프리카, 아시아, 오스트레일리아
2030년 11월 25일	일식	개기일식	보츠와나, 남아프리카, 오스트레일리아	아프리카, 인도양, 오스트레일리아, 남극
2030년 12월 9일	월식	반영월식		아메리카 대륙, 유럽, 아프리카, 아시아

출처: Espenak, F. 2016, NASA Eclipse Web Site. https://eclipse.gsfc.nasa.gov/eclipse.html. 다음과 같이 출처를 밝히면 이 데이터를 복제, 사용할 수 있음
"Eclipse Predictions by Fred Espenak, NASA/GSFC Emeritus."

쌍안경으로 관측할 수 있는 천체들

다음은 우리가 쌍안경으로 관찰할 수 있는 천체들이에요. 각각의 천체가 포함된 별자리, 그리고 가장 잘 관찰되는 날짜, 남반구나 북반구 가운데 어디서 보이는지를 정리했어요. '가장 잘 보이는 날짜' 앞뒤로 한두 달은 그 천체를 관찰할 수 있어요. 인터넷에서 이런 천체들을 어디서 관찰할 수 있는지에 대한 도표를 찾아보는 게 좋아요.

광도 숫자가 작으면 밝은 천체이고 숫자가 크면 어두운 천체에요.(광도에 대해서는 89쪽을 참고해요.)

방해 요인 이 항목은 해당 천체가 달빛이나 빛 공해가 있어도 보이는지, 아니면 달빛이나 빛 공해가 없어야만 보이는지 알려줘요.

관측 난이도 가장 쉬운 별 1개짜리부터 관찰을 시작해요. 그러다가 경험이 쌓이면 별 2개나 3개짜리 천체도 도전해보세요.

천체	별명	유형	광도	별자리	가장 잘 보이는 시기	북반구 또는 남반구	방해 요인	관찰 난이도
메시에 41		산개성단	4.6	큰개자리	1월 1일	남반구	없어야 보임	***
NGC 2451		산개성단	2.8	고물자리	1월 14일	남반구	있어도 보임	*
메시에 46		산개성단	6	고물자리	1월 14일	양반구	없어야 보임	***
콜드웰 96		산개성단	3.8	용골자리	1월 17일	남반구	있어도 보임	**
NGC 2547		산개성단	4.7	돛자리	1월 20일	남반구	없어야 보임	***
메시에 48		산개성단	5.5	바다뱀자리	1월 21일	양반구	없어야 보임	***
메시에 44	벌집 성단	산개성단	3.7	게자리	1월 27일	양반구	있어도 보임	**
콜드웰 102	세타 용골자리 성단, 남쪽 플레이아데스성단	산개성단	1.9	용골자리	2월 28일	남반구	있어도 보임	*
콜드웰 92	에타 용골자리 성운	성운	1	용골자리	2월 28일	남반구	있어도 보임	*
카멜레온자리 델타(δ)		이중성	4.5, 5.5	카멜레온자리	2월 28일	남반구	있어도 보임	*
콜드웰 91		산개성단	3	용골자리	3월 5일	남반구	있어도 보임	**
멜로트 111	머리털자리	산개성단	1.8	머리털자리	3월 27일	북반구	없어야 보임	**
게자리 알파(α)	아크룩스	희미한 동반성이 있는 청백색 별	1.4, 4.9	남십자자리	3월 28일	남반구	있어도 보임	*
용자리 카파(κ)		이중성	3.9, 4.9	용자리	3월 30일	북반구	있어도 보임	**
콜드웰 94	보석상자	산개성단	4.2	남십자자리	4월 4일	남반구	있어도 보임	*
콜드웰 99	석탄자루 성운	암흑성운		남십자자리	4월 4일	남반구	있어도 보임	*
큰곰자리 제타(ζ)	미자르와 알코르	이중성	2.2, 4.0	큰곰자리	4월 12일	북반구	있어도 보임	*
콜드웰 80	오메가(ω) 켄타우리	구상성단	3.6	켄타우루스자리	4월 13일	남반구	있어도 보임	***
처녀자리 알파(α)	스피카	청백색 별	0.97	처녀자리	4월 13일	양반구	있어도 보임	*
메시에 3		구상성단	6.2	사냥개자리	4월 17일	북반구	없어야 보임	**
켄타우루스 베타(β)	하다르	청백색 별	0.6	켄타우루스자리	4월 23일	남반구	있어도 보임	*
목동자리 알파(α)	아르크투루스	노란색 별	-0.05	목동자리	4월 26일	양반구	있어도 보임	*
이리자리 타우(τ)		이중성	4.6, 5.0	이리자리	4월 29일	남반구	없어야 보임	***
천칭자리 알파(α)	주벤 엘게누비	이중성	2.7, 5.2	천칭자리	5월 5일	양반구	있어도 보임	*
메시에 5		구상성단	5.6	뱀자리	5월 13일	양반구	없어야 보임	***
목동자리 뮤(μ)	알칼루로프스	이중성	4.3, 6.5	목동자리	5월 14일	북반구	없어야 보임	***
전갈자리 오메가(ω)		이중성	4.0, 4.3	전갈자리	5월 25일	남반구	있어도 보임	**
극락조자리 델타(δ)		이중성	4.7, 5.2	극락조자리	5월 28일	남반구	없어야 보임	**
메시에 4		구상성단	5.6	전갈자리	5월 29일	남반구	없어야 보임	*
전갈자리 알파(α)	안타레스	붉은색 별	0.91	전갈자리	5월 30일	남반구	있어도 보임	*
메시에 13	헤라클레스자리 대성단	구상성단	5.8	헤라클레스자리	6월 2일	북반구	없어야 보임	**
콜드웰 76		산개성단	2.6	전갈자리	6월 5일	남반구	있어도 보임	*

천체	별명	유형	광도	별자리	가장 잘 보이는 시기	북반구 또는 남반구	방해 요인	관찰 난이도
전갈자리 뮤(μ)		이중성	3.1, 3.6	전갈자리	6월 5일	남반구	있어도 보임	*
전갈자리 제타(ζ)		이중성	3.6, 4.7	전갈자리	6월 5일	남반구	있어도 보임	*
용자리 뉴(ν)		이중성	4.9, 4.9	용자리	6월 14일	북반구	없어야 보임	**
메시에 6	나비 성단	산개성단	4.2	전갈자리	6월 16일	남반구	없어야 보임	**
콜드웰 86		구상성단	5.6	제단자리	6월 17일	남반구	없어야 보임	***
IC 4665		산개성단	4.2	뱀주인자리	6월 18일	양반구	없어야 보임	***
메시에 7	프톨레마이오스의 성단	산개성단	3.3	전갈자리	6월 20일	남반구	없어야 보임	*
메시에 8	석호 성운	성운	6	궁수자리	6월 22일	남반구	없어야 보임	***
메시에 24	궁수자리 별 구름	은하수의 밀도 높은 구역	4.6	궁수자리	6월 25일	양반구	있어도 보임	**
메시에 25		산개성단	6.5	궁수자리	6월 29일	양반구	없어야 보임	***
메시에 22	궁수자리 성단	구상성단	5.1	궁수자리	6월 30일	남반구	없어야 보임	***
거문고자리 알파(α)	베가	푸른색 별	0.03	거문고자리	6월 30일	북반구	있어도 보임	*
거문고자리 입실론(ε)		이중성	4.6, 4.7	거문고자리	7월 2일	북반구	있어도 보임	**
방패자리 별 구름		은하수의 밀도 높은 구역		방패자리	7월 3일	양반구	있어도 보임	*
거문고자리 델타(δ)		이중성	4.3, 5.6	거문고자리	7월 4일	북반구	없어야 보임	**
콜드웰 93		구상성단	5.4	공작자리	7월 8일	남반구	없어야 보임	***
콜린더 399	옷걸이	성군	3.6	여우자리	7월 12일	북반구	있어도 보임	***
여우자리 알파(α)		이중성	4.6, 5.9	여우자리	7월 13일	북반구	없어야 보임	***
백조자리 오미크론 1 (ο)	백조자리 30, 31	이중성	3.9, 4.8	백조자리	7월 24일	북반구	있어도 보임	**
염소자리 알파(α)	알게디	이중성	3.7, 4.3	염소자리	7월 25일	양반구	있어도 보임	**
염소자리 베타(β)	다비흐	이중성	3.2, 6.1	염소자리	7월 26일	양반구	있어도 보임	**
조랑말자리 감마(γ)		이중성	4.7, 6.1	조랑말자리	8월 7일	양반구	없어야 보임	***
백조자리 뮤(μ)		이중성	4.8, 6.9	백조자리	8월 16일	북반구	있어도 보임	***
페가수스자리 파이(π)		이중성	4.3, 5.6	페가수스자리	8월 23일	북반구	없어야 보임	***
콜드웰 106	큰부리새자리 47	구상성단	4	큰부리새자리	9월 30일	남반구	없어야 보임	*
큰부리새자리 베타(β)		이중성	3.6, 5.1	큰부리새자리	10월 2일	남반구	있어도 보임	**
메시에 31	안드로메다은하	은하	3.4	안드로메다자리	10월 4일	북반구	있어도 보임	**
소마젤란운	SMC	은하	2.7	큰부리새자리	10월 7일	남반구	있어도 보임	*
에리다누스자리 알파(α)	아케르나르	청백색 별	0.46	에리다누스자리	10월 19일	남반구	있어도 보임	*
고래자리 카이(X)		이중성	4.7, 6.8	고래자리	10월 23일	양반구	없어야 보임	**
콜드웰 14	이중성단, 페르세우스자리 카이	산개성단	4.3	페르세우스자리	10월 31일	북반구	있어도 보임	**
콜드웰 14	이중성단, 페르세우스자리 에타	산개성단	4.3	페르세우스자리	10월 31일	북반구	있어도 보임	**
멜로트 20	페르세우스성단 알파	산개성단	1.2	페르세우스자리	11월 15일	북반구	있어도 보임	*
메시에 45	플레이아데스성단	산개성단	1.6	황소자리	11월 21일	북반구	있어도 보임	*
콜드웰 41	히아데스	산개성단	1	황소자리	11월 30일	양반구	있어도 보임	*
황소자리 카파(κ)		이중성	4.2, 5.3	황소자리	11월 30일	북반구	있어도 보임	**
황소자리 세타(θ)		이중성	3.4, 3.9	황소자리	12월 1일	양반구	있어도 보임	*
황소자리 알파(α)	알데바란	붉은 오렌지색 별	0.86	황소자리	12월 2일	양반구	있어도 보임	*
황소자리 시그마(σ)		이중성	4.7, 5.1	황소자리	12월 3일	양반구	있어도 보임	*
오리온자리 베타(β)	리겔	청백색 별	0.13	오리온자리	12월 11일	양반구	있어도 보임	*
대마젤란운	LMC	은하	0.9	황새치자리	12월 13일	남반구	있어도 보임	*
메시에 38		산개성단	7.4	마차부자리	12월 15일	북반구	없어야 보임	***
메시에 36		산개성단	6.3	마차부자리	12월 16일	북반구	없어야 보임	***
메시에 42	오리온자리의 대성운	성운	4	오리온자리	12월 16일	양반구	있어도 보임	*
오리온자리 42와 45		이중성	4.6, 5.2	오리온자리	12월 16일	양반구	있어도 보임	*
콜드웰 103	타란툴라 성운	성운	1	황새치자리	12월 17일	남반구	있어도 보임	*
메시에 37		산개성단	6.2	마차부자리	12월 20일	북반구	없어야 보임	***

더 알아보기

어떤 쌍안경을 사야 할까?

쌍안경에는 보통 **배율**과 **조리개**에 대한 정보가 적혀 있어요. 배율이란 쌍안경으로 사물을 관찰했을 때 얼마나 커 보이는지에 대한 수치죠. 그리고 조리개 값은 밀리미터 단위로 나타낸 대물렌즈의 크기에요.

초심자인 천문 관찰자에게 적당한 쌍안경은 7×50이에요. 이 정도면 행성, 달의 크레이터, 성단을 볼 수 있어요.

배율

7×50 쌍안경은 배율이 7이고(사물을 7배 더 크게 보이게 하고) 대물렌즈의 크기가 50밀리미터에요.

배율은 크다고 항상 좋은 게 아니에요. 배율이 높아질수록 밤하늘의 좁은 구역밖에 관찰하지 못해요. 게다가 손이 조금만 떨려도 쌍안경의 상이 크게 흔들리죠.

조리개

조리개가 크면 쌍안경에 더 많은 빛이 들어오고 희미한 천체를 더 잘 관찰할 수 있어요. 조리개가 크면 작고 세세한 곳까지 선명하게 볼 수 있죠.

쌍안경을 구매할 때는 예산 범위에서 조리개가 가장 큰 제품을 고르되 50밀리미터는 넘지 않게 해요. 조리개가 이보다 더 크면 너무 무거워서 들기 힘드니까요.

쌍안경에는 배율, 조리개, 시야각이 표시되어 있어요.

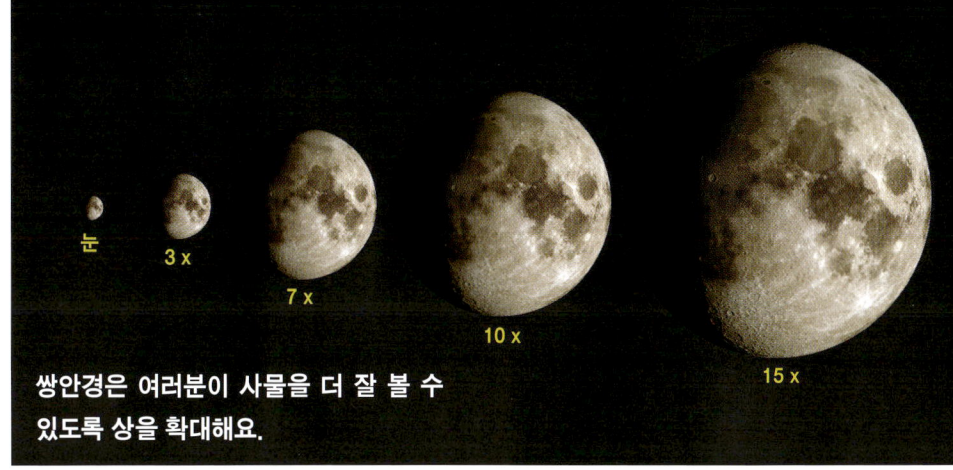

쌍안경은 여러분이 사물을 더 잘 볼 수 있도록 상을 확대해요.

시야각

쌍안경에는 **시야각**에 대한 정보도 적혀 있어요. 쌍안경으로 밤하늘을 얼마나 넓게 관찰할 수 있는지를 각도로 나타낸 값이죠.

그 밖의 도움말

쌍안경을 살 때는 다음과 같은 제품을 골라요.

* '코팅된 광학 제품(coated optics)'이라고 표시된 쌍안경이 좋아요. '완전한 멀티-코팅' 제품이 가장 좋고요. 이런 제품은 빛 반사가 줄어들도록 렌즈를 처리했기 때문에 보다 선명하게 사물을 볼 수 있죠.
* 쌍안경 통에 충격 흡수용 고무 코팅이 되어 있으면 떨어뜨려도 고장이 덜 나요.
* 목에 거는 스트랩
* 보관용 통
* 렌즈 덮개

쌍안경의 렌즈는 정말로 더러워졌을 때만 닦아야 해요. 먼지를 제거할 때는 고무흡인기나 바람을 부는 도구로 불어서 날리거나 낙타털로 만든 솔로 털어야 해요. 지문이나 찐득거리는 오염물이 묻었다면 이소프로필알코올에 담근 면봉으로 닦아요.

따라해 봐요
김 서림 방지하기 ★★★

쌍안경에 사용할 김 서림 방지 도구를 직접 만들어 보세요.

1 얇은 스펀지인 검은색 크래프트폼으로 직사각형 2개를 잘라내요. 각각의 직사각형은 길이가 15센티미터에서 25센티미터가 되게 해요. 그리고 폭은 여러분의 쌍안경 둘레보다 2.5센티미터 길게 잘라요.

2 각각의 직사각형을 길쭉한 통에 넣고 둥글게 만 다음 남은 부분을 풀로 붙여요. (더 멋지게 만들려면 풀로 붙이는 대신 찍찍이 테이프로 고정시켜도 좋아요.)

3 이 통을 쌍안경의 길쭉한 배럴에 끼워 렌즈를 습한 공기로부터 보호해요.

용어 풀이

고도 어떤 천체가 지평선 위로 떠 있는 각도

각도 2개의 직선이 하나의 점에서 만나는 곳을 '도'라는 단위로 측정한 것

금환일식 달의 가장자리를 둘러싸며 얇은 고리 모양으로 남은 태양이 보이는 일식의 한 종류

조리개 망원경이나 쌍안경으로 빛이 들어오는 구멍

성군 정식으로 별자리라 인정받지 못했지만 서로 연결되어 그림이나 패턴을 이루는 별들의 무리

소행성 소행성대에서 발견되는 암석으로 이뤄진 태양계의 천체

소행성대 태양계에서 화성과 목성 궤도 사이의 구역

원자 원소를 이루는 작은 입자

천문단위(AU) 지구와 태양 사이의 평균 거리로, 약 1억 5,000만 킬로미터임

오로라 태양풍이 지구의 대기와 상호작용하면서 만들어지는 북극광 또는 남극광

자전축 회전하는 물체의 중심축으로 물체의 한가운데를 통과하는 가상의 선

방위각 기본 방향(동, 서, 남, 북)에서 지평선을 따라 어떤 사물이 얼마나 떨어져 있는지 잰 각도

블랙홀 거대한 질량이 하나의 점으로 압축되어 만들어진 천체. 블랙홀의 중력은 엄청나게 강해서 빛도 빠져나가지 못함

천구 하늘 위로 지구를 둘러싼 가상의 구

주극성 뜨거나 지지 않고 천구의 북극이나 남극 주위를 도는 별들

코마 혜성의 대기

혜성 태양계에 있는 커다란 얼음이나 바위 덩어리로 길쭉한 공전 궤도를 따라 태양에 가까이 다가옴

화합물 둘 이상의 원소가 합쳐져서 형성된 물질

합 태양계의 두 천체가 하늘에서 몇 도 정도만 떨어져 있는 것

별자리 그림이나 패턴을 형성하는 별들의 무리. 88개의 공식 별자리가 있음

핵 별이나 행성 같은 구체의 중심 구역

지각 달이나 행성의 가장 겉에 있는 층

분화된 행성이나 달에서 핵에는 밀도가 높은 성분이 있지만 표면에는 밀도가 작은 성분이 자리하는 현상

왜행성 별 주위를 도는 천체. 왜행성은 겉모습이 구체를 유지할 만큼 충분히 크지만 공전 궤도를 독점할 정도는 아님

황도 하늘에서 행성들이 태양 주위를 도는 평면을 나타내는 가상의 선. 지구에서 보면 태양은 1년 동안 황도를 따라 하늘을 가로지르는 것처럼 보임

전자 음전하를 가진 아원자 입자

원소 한 종류의 원자만 포함하는 순수한 물질. 원소는 우주의 모든 것들을 이루는 집짓기 블록임

적도 구체의 두 극과 극 사이를 반으로 나누는 가상의 원

춘분과 추분 태양이 지구의 적도 바로 위를 비추는 날로 1년에 이틀임. 각각 3월 20일과 9월 22일로 정확한 날짜는 하루쯤 차이가 날 수 있음

태양계외행성 우리 태양 말고 다른 별의 주위를 도는 행성

시야각 하늘에서 얼마나 많은 범위를 볼 수 있는지를 각도로 측정한 것

핵융합 원자 속의 핵이 결합해 보다 무거운 핵을 형성하면서 많은 에너지를 방출하는 현상. 별의 핵에서 수소 원자가 융합해 헬륨을 만들며 그에 따른 에너지가 별에 에너지를 공급함

은하 기체, 먼지, 수십억 개의 별들이 중력에 붙들려 한데 모여 있는 거대한 체계

구상성단 은하 주위를 도는 수십만 개의 별들이 모여 공 모양을 이루는 것

중력 사물이 서로 끌어당기는 힘. 질량을 가진 모든 물체는 중력의 힘으로 서로 끌어당기는데 물체가 무거울수록 중력이 더 커짐

최대이각 지구에서 봤을 때 수성이나 금성이 태양과 가장 멀리 떨어졌을 때의 각거리

지평선 여러분의 눈높이를 둘러싸는 가상의 원

내행성 지구보다 태양에 더 가까운 행성

이온 전자를 빼앗기거나 얻어 양전하나 음전하를 띠는 원자

목성형 목성과 비슷한

카이퍼 띠 태양에서 30~50AU 떨어진 얼음 미행성들이 머무는 도넛 모양의 구역. 천문학자인 제럴드 카이퍼의 이름을 땄음

위도 지구의 적도에서 북쪽이나 남쪽으로 떨어진 거리를 각도로 측정한 값

빛 공해 밤하늘을 밝아지게 하는 인공 불빛

광년 빛이 1년 동안 이동하는 거리로 약 9조 4,600억 킬로미터임

월식 지구에서 봤을 때 지구의 그림자가 달을 완전히 가리는 것

배율 사물이 크게 보이는 정도

주계열성 핵융합 반응으로 연료를 얻는 별

맨틀 어떤 행성에서 핵과 지각 사이의 반쯤 액체인 구역

달의 바다 달의 표면에서 매끄럽고 어두워 보이는 평원

질량 어떤 물체에 들어 있는 물질의 양을 측정한 값

자오선 지평선에서 북쪽을 가리키는 지점, 천정, 남쪽을 가리키는 지점을 하늘 위로 연결한 가상의 선

유성 한 유성체가 행성이나 위성의 대기를 통과하면서 빛을 방출하는 것

운석 행성이나 위성 표면에 떨어진 유성

유성체 바깥 우주를 따라 이동하는 작은 암석 천체

은하수 밤하늘에서 흐릿한 띠처럼 보이는 우리가 속한 고향 은하

천저 하늘의 바닥을 나타내는 가상의 지점으로 발 바로 아래 천정의 반대편에 있음

성운 우주에 있는 기체나 먼지 구름

중성자 원자의 핵에서 발견되는 전하를 띠지 않는 입자

천구의 북극(NCP) 하늘에서 지구의 북극 바로 위에 해당하는 가상의 점. 태양이 자전해도 천구의 북극은 그대로이며 다른 모든 별들이 이 점을 중심으로 도는 것처럼 보임

핵 (1) 양성자와 중성자를 포함하는 원자의 중심부 (2) 혜성의 단단한 중심부

대물렌즈 망원경이나 쌍안경에서 멀리 떨어진 사물에서 오는 빛에 초점을 맞추는 렌즈나 거울

오르트 구름 얼음 미행성들이 이루는 구형의 구역으로 태양에서 2,000~5,000 AU까지 이어짐. 천문학자 얀 오르트의 이름을 따서 지어짐

충 어떤 천체가 지구를 중심으로 태양과 반대편에 있는 것

공전 궤도 달이 지구 주위를 도는 것처럼 어떤 천체가 다른 천체의 주위를 도는 경로.

부분식 일식이나 월식이 일어나는 동안 태양이나 달의 일부분만 가려지는 현상

반그림자 그림자의 흐릿한 바깥 가장자리

위상 반복되는 패턴의 각 단계

평면 편평한 표면

행성 별의 주위를 도는 천체. 행성은 구체를 유지할 만큼 질량이 크고 공전 궤도를 어떤 천체에게도 방해받지 않음

미행성 폭이 수 킬로미터인 암석 덩어리. 여러 개의 미행성이 합쳐져 행성을 이룰 수 있음

양성자 원자의 핵에서 발견되며 양의 전하를 띠는 입자

원시행성 태양이나 별의 주위를 도는 커다란 물질 덩어리로 행성이 되기 전 단계임

원시별 아직 핵에서 융합 반응이 일어나지 않는 기체 덩어리

적색거성 핵에서 융합 반응의 연료인 수소가 떨어져 이제 헬륨을 융합해 탄소를 만드는 별

일식 지구에서 봤을 때 초승달이 태양을 가리는 현상

태양풍 태양의 코로나에서 태양계를 거쳐 이동하는 양성자와 전자들의 꾸준한 흐름

하지와 동지 태양이 북쪽으로 가장 멀리 떨어진 지점에 오거나(6월 21일) 남쪽으로 가장 멀리 떨어진 지점에 오는 날(12월 21일)

천구의 남극(SCP) 하늘에서 지구의 남극 바로 위에 있는 가상의 점. 지구가 자전해도 천구의 남극은 가만히 있으며 다른 모든 별들이 그 주위를 도는 것처럼 보임

흑점 태양의 표면에서 상대적으로 온도가 낮은 구역

외행성 태양계에서 지구보다 태양으로부터 멀리 떨어진 행성

지구형 지구와 비슷한

개기식 식이 일어나는 동안 태양이나 달 전체가 완전히 가려지는 것

개기의 순간 식의 진행 과정에서 태양이나 달이 완전히 가려지는 단계

자오선 통과 (1) 어떤 천체가 하늘에서 자오선을 통과하는 순간 (2) 지구에서 봤을 때, 행성이 지구와 태양 사이를 통과하면서 태양을 부분적으로 가리는 것

해왕성 바깥의 천체들 태양계에서 해왕성의 공전 궤도 너머에 있는 천체들

열대 지구상에서 북위 23.5도와 남위 23.5도 사이의 구역

박명 해가 뜨고 난 직후나 해가 지기 전 하늘이 그렇게 밝지 않고 부드럽게 빛나는 때

본그림자 그림자 한가운데의 어두운 부분으로 빛이 완전히 가로막혀 있음

증발 액체가 기체로 바뀌는 것

백색왜성 내부 연료를 전부 다 쓴 별. 작거나 중간 크기 별들이 맞는 마지막 생애 단계

천정 머리 바로 위 하늘의 가상적인 점

황도 12궁 태양과 행성이 1년 동안 지나치는 12개의 별자리. 춘분부터 시작해서 순서대로 물고기자리, 양자리, 황소자리, 쌍둥이자리, 게자리, 사자자리, 처녀자리, 천칭자리, 전갈자리, 궁수자리, 염소자리, 물병자리

감사의 말

이런 책이 결코 아무 것도 없는 진공에서 튀어나오지는 않았죠. 이 책을 쓰면서 감사드려야 할 사람들이 많습니다.

제일 먼저, 당연히 나의 놀랍고도 인내심 넘치는 가족을 꼽을 수 있어요. 그리고 나를 지지하고 도와 준 스미스 대학교의 동료들 제임스 로웬탈, 수전 에드워즈, 줄리 스키너 메인골드에게도 감사합니다. 저에게 처음으로 천문학을 가르친 선생님 조엘 와이스버그는 '우주 각도기'라는 용어를 처음 알려준 분이기도 해요.

그리고 스토리의 담당 편집자 뎁 번스의 도움이 없었다면 이 책은 존재하지 못했을 거예요. 책 디자이너 제스 암스트롱은 이 책을 보기 좋게 만들었죠. 또 제 글을 읽고 훨씬 매끄럽게 바꿔준 검토자들이 있습니다. 캐롤, 케이트, 리사, 마리, 마저리, MJ, 실라, 스테파니가 그들이에요. 에릭 젠슨은 이 책에 실린 천문학적인 사실들을 확인해 주었죠. (그럼에도 남아 있는 오류는 전부 제 탓입니다.)

제가 천문학 분야의 일을 하면서 그 동안 만났던 모든 천체 관찰자들에게도 감사를 전하고 싶습니다. 나를 가르쳤고 나에게 가르침을 받았으며, 나와 함께 하늘을 관찰했던 사람들이죠.

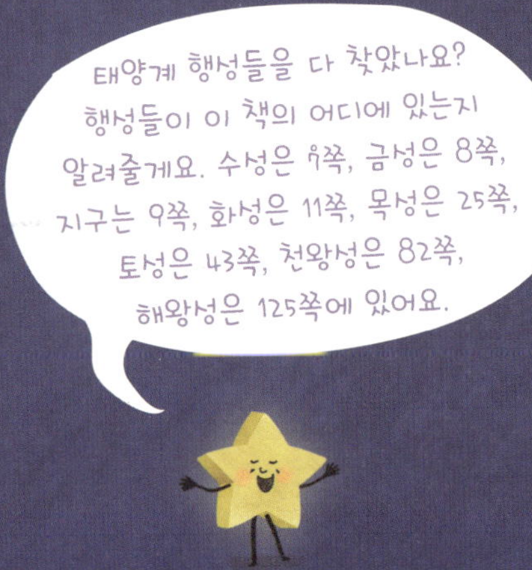

태양계 행성들을 다 찾았나요? 행성들이 이 책의 어디에 있는지 알려줄게요. 수성은 6쪽, 금성은 8쪽, 지구는 9쪽, 화성은 11쪽, 목성은 25쪽, 토성은 43쪽, 천왕성은 82쪽, 해왕성은 125쪽에 있어요.